跨境电商新时代

自学亚马逊、Temu、SHEIN、TikTok 底层运营逻辑+必备出海知识（全彩版）

纵雨果 / 著

电子工业出版社·

Publishing House of Electronics Industry

北京·BEIJING

内 容 简 介

跨境电商已经成为中国企业走出国门、开拓国际市场的新赛道。从过去单一的外贸出海到现在很多行业都在寻找跨境出海渠道，跨境电商正经历黄金发展十年。

跨境电商一词基本上已经家喻户晓。在众多跨境电商平台如雨后春笋般涌现时，由亚马逊引领的主流的欧美跨境电商平台，正遭遇来自中国出海"四小龙"——Temu、SHEIN、TikTok和速卖通的挑战。本书介绍了跨境电商周边知识、跨境物流、新兴跨境电商平台独特的运营模式、人工智能在跨境电商领域的应用、多元化市场环境下的跨境收款工具等，帮助中国卖家准确地把握市场趋势，踏上属于自己的跨境出海之路。

本书适合国际贸易专业的学生、跨境电商行业的从业者、传统外贸企业的管理人员、工厂老板和投资机构负责人阅读参考。

图书在版编目（CIP）数据

跨境电商新时代 ：自学亚马逊、Temu、SHEIN、
TikTok 底层运营逻辑+必备出海知识 ：全彩版 / 纵雨果
著. -- 北京 ：电子工业出版社，2024. 10.（2025. 8重印）.
ISBN 978-7-121-48879-5

Ⅰ. F713.365.2

中国国家版本馆 CIP 数据核字第 2024JU9900 号

责任编辑：石　悦
印　　刷：天津善印科技有限公司
装　　订：天津善印科技有限公司
出版发行：电子工业出版社
　　　　　北京市海淀区万寿路 173 信箱　　　　邮编：100036
开　　本：720×1000　1/16　印张：13　　　字数：200 千字
版　　次：2024 年 10 月第 1 版
印　　次：2025 年 8 月第 6 次印刷
定　　价：79.00 元

凡所购买电子工业出版社图书有缺损问题，请向购买书店调换。若书店售缺，请与本社发行部联系，联系及邮购电话：（010）88254888，88258888。
质量投诉请发邮件至 zlts@phei.com.cn，盗版侵权举报请发邮件至 dbqq@phei.com.cn。
本书咨询联系方式：faq@phei.com.cn。

前　　言

跨境电商已经成为全球贸易新业态，正处于快速发展阶段。跨境电商的市场规模不断扩大。在经历了新冠病毒感染疫情后，海外买家的购物习惯逐渐转到线上，加上跨境电商平台更多元化、跨境物流更正规化、跨境周边服务更丰富化，使得跨境电商获得了前所未有的时代发展机遇，入局的"淘金者"不断书写财富故事。

越来越多的跨境电商卖家满怀热情地进入这个行业，同时对行业的新变化会提出"每日三问"：现在是应该做亚马逊运营还是应该做其他平台运营？怎么入局 TikTok？是采用全托管模式还是采用第三方卖家入驻模式？

针对这些新老卖家都存在的疑问，本书应运而生。本书系统且有针对性地抓住了现阶段的学习重点，让新老卖家学习全面、有前瞻性的跨境电商知识。本书有以下四大亮点：

（1）跨境电商进入黄金发展十年的概况。

（2）做亚马逊运营会产生的费用。

（3）Temu、SHEIN、TikTok 平台运营模式精讲。

（4）人工智能、收款工具、知识产权在跨境电商领域的最新应用。

在人人都是自媒体时代，很多卖家到处找学习资料，但是找到正确的跨境电商学习内容、学习正确的跨境电商知识，才是应该关注的重点。

首先，我们要明确现在已经进入了跨境电商的黄金发展十年。成功出海的第一步，就是了解这个时代。

其次，现在很多卖家做亚马逊运营不知道需要多少成本。本书把涉及的显性成本和隐性成本都列出来，让卖家不再"摸着石头过河"。很多卖家都在关注新平台 Temu、SHEIN、TikTok，但是不清楚这几个平台的运营模式。本书把这几个平台的底层运营逻辑写出来，做到内容不会过时，让卖家有的放矢地踏上跨境出海之路。

最后，本书介绍了人工智能的应用、跨境电商领域的收款工具，以及真实的知识产权侵权案例。本书从选品、运营的角度应用 ChatGPT，让 ChatGPT 迅速提高卖家的竞争力。

中国出海企业只有准确地把握时代的脉搏、学习正确的跨境电商知识、使用可靠的工具，才能创造属于自己的新的可能性。

目　　录

第 1 章

跨境电商的发展进入
黄金发展十年

1.1 跨境电商黄金发展十年的三大机遇

此时此刻的你对跨境电商这个词或许已经不陌生了，从中央电视台《新闻联播》、各大自媒体平台上，甚至身边的朋友处或多或少地了解了什么是跨境电商。

2014—2023 年是跨境电商快速、野蛮发展的早期阶段。在这个阶段，无论是平台、卖家，还是周边服务商都处于快速成长的状态。有些卖家还没有弄清楚跨境电商是什么，就莫名其妙地成为时代的幸运儿，也有些卖家认认真真做跨境电商，最后还是默默地离开了。

2014—2023 年是充满时代红利和历史机遇的十年。一位跨境电商老卖家说过这样一句话，"有些所谓的大卖家，只是在某个时间点搬了一块合适的'砖'，而这块'砖'正好是平台在那段时间所需要的而已"。

现在跨境电商的发展已经进入了全新的十年。我称之为"黄金发展十年"，即 2024—2033 年。

"黄金发展十年"的三大机遇如下：

（1）跨境电商的全球市场将会持续扩大，给国内个人和企业提供参与商品全球流动的机会。

（2）跨境电商的新业态将会更成熟、更丰富，给国内个人和企业提供打造海外品牌的机会。

（3）跨境电商的全产业链将会更完善，给周边服务商提供更多的商业应用机会。

我可以确切地告诉你，目前大部分想做跨境电商的人对跨境电商领域都一知半解，理解得不全面。这导致做跨境电商的出发点错了，最终得到的结果自然不理想，这也是想做跨境电商的你必须深入了解跨境电商的原因。

跨境电商平台是行业的核心。跨境电商卖家是行业的主体。各大物流公司、货代（国际货运代理公司）是与跨境电商卖家关系最紧密的伙伴。知识产权是被很多卖家忽视的部分。第三方收款公司是卖家最关心的。工厂是核心的竞争力。财税合规机构可以告诉卖家此时此刻的经营状况。

你目前认识和了解的跨境电商，或许只是整个行业的冰山一角。

现在的跨境电商已经进入了多元化的发展阶段。在 2018 年我写《亚马逊跨境电商运营从入门到精通》时，跨境电商平台以亚马逊为主，其他平台基本上可以忽略不计，而且很多服务商的服务不够完善，服务水平参差不齐。

虽然亚马逊目前依然是跨境电商平台的"老大"，但其他的跨境电商平台如雨后春笋般涌现，让人眼花缭乱，不知如何选择。一方面，这得益于跨境电商从消费互联网向产业互联网的转变，进而让 Temu（拼多多海外版）、SHEIN（希音）、TikTok（抖音海外版）、速卖通形成出海"四小龙"的跨境电商新格局，这样的新格局让这个行业生机勃勃，也让行业里的新老卖家野心勃勃。另一方面，这得益于全托管模式的兴起。全托管模式是 SHEIN 首创的，但 Temu 把它发扬光大了。全托管模式的优势是可以让没有接触过跨境电商的卖家，迅速地参与到跨境出海浪潮中，因为全托管模式让卖家不需要考虑作图、跨境物流、海外营销、售后服务，甚至外币回款这些在跨境电商中最难的运营环节。采用全托管模式的卖家只需要选好商品，把商品发给平台，让平台集中资源高效地运营。采用全托管模式的卖家往往只需要一两个人，就可以完成一个 10 人小公司处理的工作量。

出海"四小龙"平台的全托管模式各有侧重点，Temu 采用的是库存托管，SHEIN 采用的是品牌托管，TikTok 采用的是供应商托管，速卖通采用的是全球物流建设。

Temu 的优势是用超低价占领用户心智，SHEIN 的优势是深度参与到服装供应链中并改造传统制造业的生产流程使其适应"小单快反"模式，TikTok 的优势是使用超火的短视频推广，速卖通的优势是菜鸟全球 5 日达。

跨境电商已经变得越来越热闹，也变得越来越好玩。当你看到这里时，恭喜你，你选择了一个朝气蓬勃的行业。这个行业不仅可以带给你财富，还可以带给你希望、信心，让你拥有更广阔的眼界。以前，你可能只需要关注国内大环境和各种政策，而现在你需要关注全世界各国的生活环境和海外政策。一个充满挑战和让人激动的出海大时代已经悄悄来临。

1.2　跨境电商黄金发展十年的三大特点

通过 1.1 节的介绍，如果你还不能理解跨境电商黄金发展十年的三大机遇，以及跨境电商周边知识的重要性，那么下面把跨境电商黄金发展十年的三大特点列出来，就会让你恍然大悟。

首先，跨境电商是一个很大的行业，与几个行业会产生交集。如果你只知道出口卖货，那么往往做不好这个行业。跨境电商平台越来越多，从以亚马逊为主，演变为以亚马逊为基本盘，需要同时运营 TikTok、Temu、沃尔玛、SHEIN、Shopee 等。这些平台都有各自的优势，适合不同的卖家。跨境电商周边知识也在快速变化，以便适合这些跨境电商平台。卖家需要不断地学习新的知识，才能跟得上这个快速发展的跨境电商新时代。

其次，跨境电商是一个充满想象力的行业。从时间的角度来看，跨境电商确实已经发展了十多年，但之前的跨境电商处于草莽英雄时代，跨境电商平台的政策不断完善。

现在的跨境电商进入了"正规军"时代，市场更成熟，卖家更成熟，周边服务也更完善，让有供应链优势、商品优势、设计头脑、运营技巧的卖家有了更大的发挥空间，这个市场变得比草莽英雄时代更充满想象力。

从卖家的角度来看，业内的几家大型跨境电商公司成立都不到 10 年，大多数卖家是成立 3~5 年的中小型企业和大量的个人卖家、兼职卖家。整个跨境电商行业的人员变动和企业更新非常频繁，很多周边服务商（例如货代、收款机构、知识产权公司）都刚刚涉足跨境电商业务，各项专业服务内容都有待完善。

最后，跨境电商是一个快速变化的行业。对于某些目的地国家（比如，巴西、意大利、波兰、捷克等）来说，跨境电商属于新鲜事物，各项政策都处于制定初期，很多政策不成熟。很多卖家熟悉的欧洲站的 VAT（Value Added Tax，增值税）新政是 2021 年立法通过的。

对于平台方来说，平台的运营规则几乎 3 个月变化一次。你需要不断地学习才能跟上最新趋势。本书在平台运营方面剖析的是底层运营逻辑。你只要理解了这些底层运营逻辑，无论平台的运营规则怎么变化，你都可以很好地理解。例如，亚马逊入库配置服务费，本质上是亚马逊向卖家在全美地区的仓库调拨商品收取的费用。这个费用本来就应该由卖家承担，但是之前卖家在创建货件时平台规则有漏洞没有收取，现在平台规则完善了，这并不是突然增加卖家的发货成本。

海运、空运的行情不断变化，货代需要随时对接合适的物流渠道，帮助卖家把商品顺利地出口到目的地国。例如，有的货代根据亚马逊入库分仓的情况，对 21 千克的商品和 100 千克的商品收取的起运费用一样，这就是一种变通。

对于跨境电商行业来说，牵一发而动全身，只要跨境电商平台的政策有重大变化，卖家需要的周边知识和服务商就需要随之变化，否则卖家很难跟上跨境电商新时代发展的步伐。

2

第 2 章

做跨境电商会产生哪些费用

2.1 新手做跨境电商常算错的费用

跨境电商行业蓬勃发展，或许你在网上看到过这样的"宣传文字"：进货价为 20 元的商品，在跨境电商平台上的售价为 20 美元，折合人民币大概为 125 元，商品利润是 125-20=105 元，利润率高达 84%。

可笑吗？

这就是没有把平台佣金、国内和国际物流费、商品包装费等费用计算进去，使得预估的商品利润和实际情况差异很大，进而过于乐观地看待销售商品，最终导致投资失误。

之所以会产生这样错误的认知，是因为不了解跨境电商出口流程。《亚马逊跨境电商运营从入门到精通》的第 1 章就有这个流程。

工厂—跨境电商平台—海外终端买家

下面将更具体的流程写出来，你就知道各种费用是怎么产生的了。

首先，去工厂采购商品，会产生商品成本。商品成本大概占总成本的 20%。

然后，从工厂把商品邮寄到卖家的国内办公地点，会产生国内物流费。国内物流费小于总成本的 1%。

商品在国内需要贴标并打包，这会产生商品打包费，包括人工费和材料费。如果你的公司有专门的打包人员，那么人工费和材料费大概占总成本的 1%。

在准备好商品后，把这些商品发到海外的 FBA（Fulfillment by Amazon，亚马逊物流配送）仓库、第三方海外仓或者自建的海外仓，会产生商品的头程物流费。空运、海运的头程物流费大概占总成本的 8%。

在商品开始销售后，会产生平台的仓储费、营销费。

在商品出单后，平台还会收取平台佣金、尾程配送费、退换货费。这些费用占总成本的 35%～40%。

在有了一定的订单，开始回款后，把货款从海外汇到国内，如果卖家提现就会产生提现手续费。提现手续费占总成本的 0.5% 左右。

因此，商品的净利润是售价−商品成本−国内物流费−商品打包费−头程物流费−仓储费−营销费−平台佣金−尾程配送费−退换货费−提现手续费。

最终，绝大多数商品的利润率在 30%～50%。

需要说明的是，有的商品的利润率较高（例如成人用品类目的商品），可以高达 70%。有的商品的利润率非常低，销售该商品的目的是跑量、跑流水，利润率可能只有 1%～5%。这就是有的卖家觉得跨境电商的利润率很高，而有的卖家觉得跨境电商的利润率很低的原因。这都是商品和类目不同导致的，不能一概而论。

这里再多说一句，即使卖家销售利润率很高的商品也不一定盈利，即使销售利润率很低的商品也不一定赔钱，这与卖家的竞争力有很大的关系。

这才是一个商品在跨境电商出口流程中所产生的真实费用和最终的真实利润率。

当然，如果你采用公司化运作，那么还会涉及工资、运营提成费等。由于每个公司对这些费用的计算标准都不同，所以建议你自行核算。

2.2　在销售过程中产生的费用

2.1 节已经把跨境电商出口流程中会产生的费用都写出来了，从各项费用的占比来看，在销售过程中产生的费用占支出的大头。在销售过程中产生的费用分为 5 种，即平台佣金、尾程配送费、营销费、仓储费、退换货费。

1. 平台佣金

你可以把平台佣金理解为平台对第三方卖家的抽佣。卖家在平台上销售出一个商品，需要给平台一定比例的佣金。不同的平台，甚至相同的平台不同类目的商品的佣金比例都是不同的。亚马逊的大多数类目的商品的佣金比例是15%，而图书的佣金比例高达 45%。亚马逊鼓励卖家销售的某些类目的商品的佣金比例只有 8%。例如，因为 Temu、SHEIN 这几年在低客单价商品领域攻城夺地，不断地抢夺亚马逊上对价格敏感的用户，所以现在亚马逊服装类目售价为 15～20 美元的商品的佣金比例只有 10%，售价低于 15 美元的商品的佣金比例低至 5%，甚至非常有实力的卖家，如 Anker 虽然销售的是电子商品，但因为做得实在太好了，把平台的佣金比例降到了 5%，这对其他销售电子商品的卖家就是降维打击。

　　图 2.1 所示为亚马逊上部分类目的商品的佣金比例。可以看出，不同类目的商品的佣金比例不同，即使类目相同，售价不同的商品的佣金比例也是不同的。

	佣金比例	适用的最低销售佣金（除非另有规定，否则按件收费）
亚马逊设备配件	45%	0.30美元
Amazon Explore	30%（虚拟体验）	2.00美元
母婴（婴儿服装除外）	• 对于总销售价格不超过10.00美元的商品，收取 8% • 对于总销售价格超过10.00美元的商品，收取 15%	0.30美元
图书（包括收藏类图书）	15%	—
摄影摄像	8%	0.30美元
手机设备	8%	0.30美元
消费类电子商品	8%	0.30美元
电子商品配件	• 对于总销售价格中不超过100.00美元的部分，收取15% • 对于总销售价格中超过100.00美元的部分，收取8%	0.30美元
家具（包括户外家具）	• 对于总销售价格中不超过200.00美元的部分，收取15% • 对于总销售价格中超过200.00美元的部分，收取10%	0.30美元
家居与园艺	15%	0.30美元
厨房用品	15%	0.30美元
全尺寸电器	8%	0.30美元
小型电器（包括零件和配件）	• 对于总销售价格中不超过300.00 美元的部分，收取15% • 对于总销售价格中超过300.00 美元的部分，收取8%	0.30美元
割草机和除雪机	• 对于总销售价格不超过500.00 美元的商品，收取15% • 对于总销售价格超过500.00 美元的商品，收取8%	0.30美元

图 2.1

如果你是一个有心的卖家，在看到这里时，就可以优化选品的方向及商品的销售价格了。

2. 尾程配送费

你可以把尾程配送费理解为商品从目的地国的海外仓配送到终端买家手里的本地物流费。

尾程配送费都是根据商品的重量和体积来综合计算费用的，在按重量计费和按体积计费中选取费用高的。

如果你从海外仓发货，那么本地物流费与你选择的本地物流公司息息相关，UPS（United Parcel Service，美国联合包裹运送服务）公司、USPS（United States Postal Service，美国邮政署）、FedEx（Federal Express，联邦快递）公司、DHL（中外运敦豪）公司的报价都是不一样的。你需要根据具体的商品信息核对费用。

如果你是亚马逊卖家，那么尾程配送费与是使用 FBA、自发货，还是使用多渠道配送有关。

使用 FBA 的商品的尾程配送费在卖家后台会直接显示。在商品上架后，系统会根据你输入的商品重量和体积给出一个预估的配送费，如图 2.2 所示。

图 2.2

在商品发到 FBA 仓库后，入仓时，仓库工作人员会重新测量，然后按照测量的重量、体积计算配送费，这个费用一般在出单之后会显示出来。图 2.3 所示为订单详情页面，箭头所指的就是亚马逊收取的尾程配送费。

多渠道配送是平台的一项物流服务项目，但配送费比使用 FBA 的尾程配送费高得多，如图 2.4 所示。

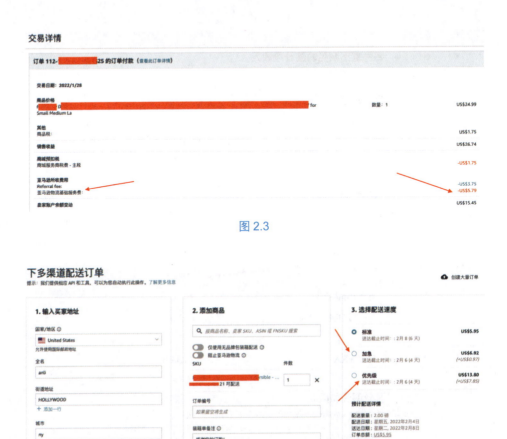

图 2.3

图 2.4

　　多渠道配送订单可以选择不同的配送速度，配送速度快的订单的配送费高得多，即使选择"标准"配送速度，配送费也会高一点儿。

　　有的卖家从国内自发货。这时，平台是不收取配送费的。刚才介绍了配送费，其本质是商品从平台到终端买家产生的尾程配送费。自发货往往选择国内小包、e邮宝等性价比高的发货方式，价格根据物流渠道、商品的材质和重量，再结合体积来计算，你可以自行查看对应的物流渠道的官网报价。

3. 营销费

营销费包含站内广告费和站外引流的费用。

一个新品在推广初期，一定要有商品推广预算。你可以将其理解为商品的预算费用。提前规划好的商品推广工作也叫事前预算工作，与卖家的运营策略、所处的竞争阶段都有关系。

为了让新品的营销费占比合理，一般按照以下公式来设置最高营销费。

最高营销费＝这批商品的总数量×单个商品的售价×10%。

假设你有 500 个库存商品，商品的售价为 29.99 美元，那么这批商品的最高营销费就是

$$500×29.99×10\%＝1499.5 \text{ 美元。}$$

也就是说，站内广告费加站外引流的费用的上限是 1499.5 美元。

当然，这是非常理想状态下的营销费。新品初期的站内广告费往往会超过营业额的 10%，而站外引流的费用占比很少。你需要根据商品的不同阶段，给站内广告和站外引流分配不同的费用。

4. 仓储费

需要说明的是，跨境电商欧美市场的旺季是圣诞节前后，10～12 月为旺季，而 1～9 月为淡季。

无论是在淡季还是在旺季都有仓储费，即使你自发货，商品就放在国内的仓库里，也会涉及仓租问题。

单击卖家后台的"数据报告"下拉框的"库存和销售报告"选项，可以找到月度仓储费，然后按照月份下载即可，如图 2.5 所示。

图 2.5

有的卖家的旺季月度仓储费高达该月营业额的 20%，这显然无法用利润覆盖，会导致亏损。

有的卖家的旺季月度仓储费仅为该月营业额的 1%，销售速度和补货节奏把控得好，就不会吃掉太多利润。

为了让商品和店铺能够盈利，旺季月度仓储费必须低于该月营业额的 5%，否则很难盈利，希望你记住这个数字，并且经常下载月度仓储费报表去核对这笔费用。

很多卖家每天的订单数看起来很可观，但看不到平台回款，大概率是因为旺季月度仓储费把利润吃没了。这属于隐藏的费用，必须足够重视。

5. 退换货费

这个费用与具体的商品关系非常大。

服装类目的商品的退换货率远高于其他类目的商品，一般高达 15%～30%，也就是说，卖 100 件衣服，有 15～30 件退换货，大部分原因是尺寸不合适，而宠物玩具类目的商品的退换货率低得多，甚至低于 2%，除了商品质量过硬，主要是因为买家对这种商品的使用习惯就是这样的。

从退换货的角度来看，新手卖家要尽量销售一些退换货率低的类目的商品，这样在进入行业的初期更容易。跨境电商属于国际贸易，海外的退换货费较高。当然，即使销售服装这样 SKU（Stock Keeping Unit，库存量单位）多、退换货率高的类目的商品，很多专业卖家依然可以获得较高的利润率，因为他们长期深耕这个类目，能够根据商品的特性，把退换货率降低到自己能接受的范围内且实现盈利。他们的秘诀就是专业，加上足够了解自己销售的类目的商品。

2.3　连老卖家都会忽视的费用

跨境电商的本质是生意。做生意，就需要把账算清楚。有些卖家连商品利润都算不清，就匆匆忙忙地发货。在几年前平台缺商品的阶段，大量铺货型卖家获得了成功，但这是之前红利期典型的表现。

大量卖家开始使用亚马逊的 FBA 仓库，如果对商品预期过高，备货数量远远超过销售数量，除了会产生 2.2 节中提到的月度仓储费，那么还会产生月度超量费。

单击"库存"—"管理亚马逊货件"选项，可以看到如图 2.6 所示的页面。

图 2.6

如果库存限额使用量达到最高库存水平，那么顶多发不了货，但如果在发货时库存限额使用量未达到最高库存水平，到货后超过最高库存水平且当月的库存周转很慢，可能就会产生月度超量费。

图 2.7 所示为库存限额使用量超标。虽然库存限额使用量超标不会每次都产生月度超量费，但月度超量费一定是由库存限额使用量超标产生的。库存限额使用量超标也会导致仓储容量（当前用量）超标。对于这一点，你必须足够重视。

图 2.7

图 2.8 所示为产生了月度超量费，预计的月度超量费高达 8000 多美元。

图 2.8

月度超量费取决于当前用量超过当前仓储限制的天数。即使后来你的当前用量降回当月分配的当前仓储限制之内，你也仍然需要按超过的天数支付费用。通俗地说，当前用量超过当前仓储限制几天，就交几天的费用。

与月度超量费类似的还有超龄库存附加费，也叫长期仓储费。

图 2.9 所示为亚马逊收取超龄库存附加费的最新政策，超龄库存附加费是对存放 181 天以上的商品收取的费用，是按照体积计算的。

月度超量费和超龄库存附加费是很多老卖家在运营过程中非常容易忽视的两个费用。

对于前者，因为在发货时卖家没有计算发货体积，所以导致了当前用量超过当前仓储限制。

对于后者，因为时间一长，所以很多卖家就忘了这件事，但亚马逊会持续计算这笔费用，这也是我们经常说的隐性成本。

针对在亚马逊配送网络中存放 181 天以上的库存商品，我们将收取超龄库存附加费（以前称为长期仓储费）。

我们将于每月 15 日使用库存快照评估超龄库存附加费，这是在月度仓储费之外收取的费用。

我们在整个配送网络中按照先进先出的原则计算库龄。无论实际配送或移除的是哪些商品，亚马逊物流都会从在配送网络中存放最久的库存中扣除售出或移除的商品。例如，如果运营中心员工分拣并配送最近才到达运营中心的商品，我们仍会从最早的有货库存中扣除该商品。

费用详情

附加费每月收取一次，通常在当月的 18 日到 22 日之间。

2024 年 2 月 15 日之前							
库存评估日期	库龄介于 181~210 天的商品	库龄介于 211~240 天的商品	库龄介于 241~270 天的商品	库龄介于 271~300 天的商品	库龄介于 301~330 天的商品	库龄介于 331~365 天的商品	库龄达到或超过 365 天的商品
每月（每月 15 日）	每立方英尺 0.50美元(特定商品除外) *	每立方英尺 1.00美元(特定商品除外) *	每立方英尺 1.50美元(特定商品除外) *	每立方英尺 3.80美元	每立方英尺 4.00美元	每立方英尺 4.20美元	每立方英尺 6.90美元或每件商品0.15美元(以较大值为准)
2024 年 2 月 15 日及之后							
库存评估日期	库龄介于 181~210 天的商品	库龄介于 211~240 天的商品	库龄介于 241~270 天的商品	库龄介于 271~300 天的商品	库龄介于 301~330 天的商品	库龄介于 331~365 天的商品	库龄达到或超过 365 天的商品
每月（每月 15 日）	每立方英尺 0.50美元(特定商品除外) *	每立方英尺 1.00美元(特定商品除外) *	每立方英尺 1.50美元(特定商品除外) *	每立方英尺 5.45美元	每立方英尺 5.70美元	每立方英尺 5.90美元	每立方英尺 6.90美元或每件商品0.15美元(以较大值为准)

*不包括服装、鞋靴、箱包、珠宝首饰和钟表分类下发布的商品

图 2.9

在任何跨境零售生意中，都会涉及商品退货。退货除了让卖家损失订单利润，在亚马逊上还会产生退货处理费，不过退货处理费是可以通过优化商品而避免的，如图 2.10 所示。[1]

不同类目的商品的退货率是不一样的，退货处理费是针对超过这个类目的商品的退货率阈值而收取的。假设你销售的类目的商品的退货率是 10%，一个月销售了 1000 件，被退货的有 120 件，这种商品的退货率就是 12%，多出来的 2%对应的退货商品就要被收取退货处理费。每个类目的商品的退货率阈值都要以平台发布的最新数据为准。

---

[1] 图 2.10 中分类与类目的意思相同。

2024 年退货处理费变更

本页面内容
用于计算费用的值
价目表
费用示例
工具

自 2024 年 6 月 1 日起，我们将针对所有分类（服装和鞋靴除外）的高退货率商品收取退货处理费，以解决退货的运营成本问题并减少浪费。该费用仅适用于退货率超过每个分类特定阈值的商品。

商品的退货率是买家在指定月份内退回的商品在当月及随后的两个日历月内退回的商品中所占的百分比。例如，对于在 2024 年 6 月配送的商品，退货率是这些商品在 2024 年 6 月、7 月和 8 月期间退回的商品中所占的百分比。对于在给定月份配送的商品，亚马逊将针对超出商品分类退货率阈值的每件退货商品收取退货处理费。您将在随后的第三个月的 7 日至 15 日期间看到退货费用从您的账户中扣除。例如，对于 2024 年 6 月已发货但被退回并收取费用的商品，费用将在 2024 年 9 月 7 日至 15 日期间收取。

自 2024 年 5 月 1 日起，您可以在每周更新的亚马逊物流退货控制面板上查看商品的退货率，以便您监控给定月份已发货商品的退货和退货率。每个分类的退货率阈值也将于 2024 年 5 月 1 日发布。

如果您的商品每月配送的数量少于 25 件，则该月配送的所有商品的退货均可豁免。该费用仅适用于实际退货的商品。

如果您注册了亚马逊物流新品入仓优惠计划，对于每个符合要求的父 ASIN，我们将免除最多 20 件商品的退货处理费。退货商品必须在首件库存接收之日后的 180 天内送达亚马逊运营中心。如需了解更多信息并进行注册，请转至亚马逊物流新品入仓优惠计划。

扣除费用后，您的退货费用一览将显示在您可用的费用工具（例如 SKU 经济）和月度付款报告中。

退货处理费的说明性示例

2024 年 6 月，我们向买家配送了 1,000 件商品。在 2024 年 6 月、7 月和 8 月配送的 1,000 件商品中有 120 件退回。此示例商品分类的退货阈值为 10%*，因此在配送当月及之后两个月内，退货数量超过 100 件（占配送的 1,000 件商品的 10%）将产生退货处理费。在这种情况下，退回了 120 件商品，因此需要支付 20 件商品的退货处理费。

*请注意，此退货率阈值只是一个说明性示例。每个分类的阈值将于 2024 年 5 月 1 日发布。

图 2.10

FBA 仓库属于海外仓的一种。在发货时，货发多了卖不完，就会产生大笔仓储费和弃置费，但是如果商品热销，库存管理不好，导致库存数量过低，当低于一个阈值时，就会产生低库存水平费。

这个费用只针对标准件。亚马逊的意思是，如果商品数量太少，不利于在当地的不同仓库按照买家需求合理调配库存，就要收取低库存水平费。

这个费用可以通过合理补货、提高 FBA 商品的管理水平轻松消除。

下面做一下总结，本节介绍了 4 个容易让卖家忽视的费用。这是我在实际运营店铺踩"坑"后才发现的 4 个隐藏费用：①月度超量费；②超龄库存附加费；③退货处理费；④低库存水平费。

这 4 个费用都是平台倒逼卖家提高商品销售水平和库存管理水平而收取的费用。你只要用心销售自己的商品，这些费用就都是不必支付的。

第 3 章

3

你必须懂的跨境电商
周边知识

3.1　跨境电商周边知识有哪些

第 1 章介绍了在跨境电商黄金发展十年需要懂哪些跨境电商周边知识，以及这些周边知识对跨境电商行业的重要性。

在《亚马逊跨境电商运营从入门到精通》中，我反复强调跨境电商是传统外贸和互联网结合的产物，是传统外贸插上了互联网的翅膀。因此，传统外贸是跨境电商卖家必须了解的行业，因为先有传统外贸，后有跨境电商。

跨境电商周边知识包含以下传统外贸和电商方面的知识：传统外贸出口流程、国际物流知识、知识产权知识、电商运营推广知识、互联网应用基本技巧、海外仓的实际应用、外汇结汇收款流程、海外财税合规知识。

看到上面总结的 8 点，很多卖家可能感觉很意外，因为他们只是一味地学习跨境电商平台知识（例如，如何注册账号、如何选品、如何上架运营、如何打站内广告），把精力都放在运营技巧上，而忽视了对跨境电商周边知识的学习，导致莫名其妙地踩了很多"坑"。

有的跨境电商周边知识，能帮助卖家踏上跨境电商之路。例如，国际物流中的空运、海运的基本发货规则，是每一个新手卖家都必须遵守的。

有的跨境电商周边知识可以让卖家降低风险。例如，在日常开发和运营商品的过程中，有的卖家忽视知识产权，从而导致被投诉侵权，辛辛苦苦做了几年的 Listing（商品链接，也指商品）一夜之间让别人拥有了购物车。这在第 11 章会用真实的案例进行介绍。

还有的跨境电商周边知识看起来不重要，但是在关键时刻能够起作用。例如，互联网应用基本技巧中的视频剪辑、TikTok 海外合规上网方法等，对运营工作起到了锦上添花的作用。

近几年跨境电商领域正在实行财税合规。卖家既需要与专业的财务人员沟通具体的情况，也要自身懂得最基本的跨境电商财务知识。

总之，跨境电商周边知识都是目前很多卖家不了解、不重视、容易忽视，甚至不愿意学习的。通过学习这些周边知识，卖家会对跨境电商有全新的认识。

3.2 传统外贸和跨境电商的前世今生

传统外贸和跨境电商有着千丝万缕的联系。从 2001 年中国加入世界贸易组织（World Trade Organization）开始，中国有了外贸出口的黄金十年，在东莞、义乌等地经常可以看到"全球第一××商品制造工厂"的字样，工厂周边经常有几十辆卡车排队等货。

那段时间是传统外贸人的高光时刻，2011 年之后跨境电商悄悄地登上了历史舞台。

虽然传统外贸和跨境电商都是把商品销售到海外市场，但是两者的交易链条差异非常大。

传统外贸的交易链条如图 3.1 所示。

中国制造商 ⟶ 中国出口商 ⟶ 海外进口商 ⟶

⟶海外批发商 ⟶ 海外零售商 ⟶ 海外买家

图 3.1

整个过程耗时几个月，一般是海外批发商到中国考察工厂，提前 3～5 个月支付定金，然后通过大批量海运的方式将商品运回目的地国。这些批发商在当地有自己的销售渠道，将商品分发给当地的零售商。这属于典型的以线下销售为主的 B2B 模式，是企业和企业对接的生意。

跨境电商以独立站官网、各大跨境电商平台为依托，省去了传统外贸的中间环节，直接将商品销售给海外买家。

跨境电商的交易链条如图 3.2 所示。

中国制造商 ⟶ 跨境电商平台 ⟶ 海外买家
（贸易商）

图 3.2

这里的中国制造商（贸易商）可以统称为跨境电商卖家。随着全球互联网经济的发展，海外买家直接在各大跨境电商平台下单购物，跨境电商卖家直接在各大跨境电商平台接单，然后从中国发货，配送时效快的发货渠道可以做到 3 天内送达，配送时效慢的需要半个月。

有的卖家为了提高买家的购买体验，先把一部分热销商品发到目的地国的海外仓，等有买家下单了，再从当地的海外仓发给买家，这样就可以让所有订单商品在 7 天内送到海外买家的手里，这也是跨境电商的未来发展趋势。

由于跨境电商面对的是 C 端的个人买家，因此商品需求变得更个性化、定制化，这也是跨境电商和传统外贸的巨大差异。

总之，跨境电商和传统外贸有很多相似之处，但跨境电商插上了互联网的翅膀，又和传统外贸的交易链条区别很大，这是传统外贸从业者转行为跨境电商卖家难以适应的地方。如果克服了这一点，有过传统外贸经验的从业者就是最容易成功转行为跨境电商卖家的一个群体。

3.3　国内电商和跨境电商的几大区别

3.2 节介绍了传统外贸和跨境电商的历史渊源，介绍了跨境电商有"传统外贸"的基因。在准确地理解了跨境电商的底层逻辑后，你还应该对跨境电商中的"电商"基因进行深入了解。我之前多次强调，跨境电商插上了互联网的翅膀，国内电商是"触网"较早的一个领域，国内电商卖家是"触网"较早的卖家群体。

可以这么说，要做好跨境电商，就需要很多国内电商经验做辅助。卖家在淘宝、京东上的竞争激烈程度远大于在亚马逊、沃尔玛、Shopee 上的竞争激烈程度，因此国内电商卖家在国内电商十几年发展过程中总结的运营细节、运营技巧、商品发展趋势等都值得跨境电商卖家借鉴，需要注意的是借鉴，而不是生搬硬套。

由于国内电商的发展比跨境电商早十年左右，所以无论是在电商运营技巧方面还是在供应链积累方面，很多国内电商卖家的竞争力都比单纯做跨境电商的卖家的竞争力大。所以，国内电商卖家（如淘宝卖家、京东卖家）做跨境电商其实更容易。

需要注意的是，国内电商和跨境电商的区别主要有以下几点：

（1）做跨境电商的思维和在国内做电商的思维区别很大，例如亚马逊重视商品，没有店铺的概念，让很多国内电商卖家非常不理解，因为淘宝、天猫都是以店铺为单位运营的。

买家在国内电商平台上购物，一般通过搜索关键词进入店铺，可以很容易找到某个店铺和店铺里的所有商品，而且店铺的定位比较专一，往往只卖同一类商品，而跨境电商平台由于更重视商品，所以店铺里往往有多个不同类目的商品，给人一种杂货店的印象。在跨境电商平台上，买家虽然也可以通过搜索关键词找到某个商品，但是要找到销售这个商品的店铺的入口有点难。图 3.3所示为我随机截取的一个商品——冬季手套的页面。

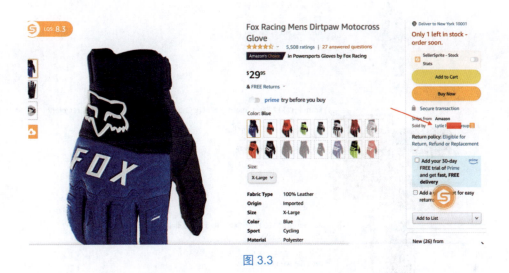

图 3.3

看起来有 5000 多次评论，单击"Sold by"后面的箭头所指的店铺名进入这个店铺，可以看到如图 3.4 所示的页面。

图 3.4

这是店铺的基本概况页面，30 天 Feedback 的 3～5 倍是一个店铺的日订单量，在《亚马逊跨境电商运营从入门到精通》中写过店铺日订单量的计算方法。从 30 天 Feedback 来看，这个店铺每天的订单量是 222～370 笔。

单击"Products"选项，可以看到店铺的所有商品，如图 3.5 和图 3.6 所示。

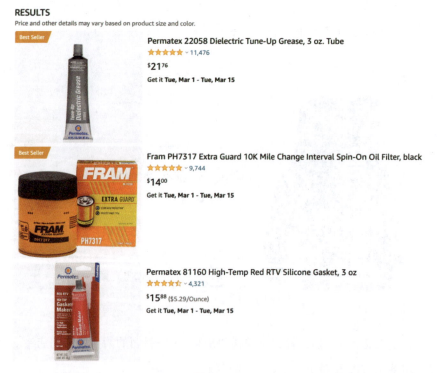

图 3.5

FRAM Extra Guard PH4967, 10K Mile Change Interval Spin-On Oil Filter, bla
★★★★★ ˅ 3,520
$14⁴²
Get it **Tue, Mar 1 – Tue, Mar 15**

Lucas Oil LUC10020 Fuel Treatment – 5.25 Oz, Multi-Colored
★★★★★ ˅ 5,034
$10⁷⁸
Get it **Tue, Mar 1 – Tue, Mar 15**

Tekonsha 90160 Primus IQ Electronic Brake Control
★★★★⯪ ˅ 5,902
$146⁵⁰
Get it **Tue, Mar 1 – Tue, Mar 15**
Only 9 left in stock - order soon.

Simichrome 390050 All Metal Polish Tube - 1.76 oz.
★★★★⯪ ˅ 5,763
$20⁰³
Get it **Tue, Mar 1 – Tue, Mar 15**

图 3.6

店铺里的其他商品和冬季手套的差别非常大，由于商品页面是按照商品销售数量从多到少排序的，因此冬季手套不是这个店铺最热销的商品。这对我们选品是非常有帮助的。

（2）做跨境电商面对的是海外市场，覆盖的人群更大、更广，赚钱的天花板更高。

有的人觉得中国有 14 亿人口，所以中国市场是最大的，其实这只考虑了人数，还要考虑人群的使用习惯、生活场景，这些都会带来不同的市场机遇。

　　我举个简单的例子，在不同的生活环境下，人们有不同的购物喜好，一件印有十二生肖图案的衣服在中国很热销，但是欧美人对它没有太大的购买兴趣。如果把衣服上的图案改成欧美人喜欢的元素［例如，与 I love mom（我爱妈妈）及 Valentine's Day（情人节）相关的元素］，这款衣服就会很热销，如图3.7和图3.8所示。

图 3.7

图 3.8

　　图 3.7 所示为与 I love mom 相关的英语爆款元素在各种商品上的应用，不仅可以打印在衣服上，还可以打印在抱枕、装饰品上。看到这里，你可以赶紧看一看自己店铺的商品是不是适合打印上相关的英语爆款元素，让你的店铺多一些"现金奶牛"。

　　图 3.8 所示为 Valentine's Day 主题的衣服，这个节日在中国可能有点变味，但在欧美国家属于本地节日。图 3.9 所示为与 Valentine's Day 相关的商品的市场消费趋势。

图 3.9

　　假设有一家东莞的服装企业产能过剩，衣服卖不完，就可以通过跨境电商使用爆款元素制作符合海外买家习惯的衣服，将其作为第二增长曲线。这就是刚刚说的，赚钱的天花板更高。

　　（3）跨境电商属于外贸出口交易，是把商品卖给海外买家，属于跨国交易。跨国交易会涉及汇率转换，比国内电商多了一个收款结汇的流程。国内电商卖家做跨境电商需要选择一个适合自己的收款结汇公司，需要学习财务合规知识。

　　第 2 章介绍了做跨境电商的一个比较大的成本是跨境物流成本。跨境物流也叫头程物流，对于中国卖家来说，就是把商品从中国运输到海外目的地国仓库。在有订单后，把商品从目的地国仓库发给终端买家叫尾程物流（也叫二程物流）。因为国内电商只有尾程物流，所以很多国内电商卖家第一次接触头程物流，需要提前学习相关的跨境物流知识。

头程物流一般选择海运、铁运、空运、快递等不同的运输方式，因为不同的运输方式的配送时效不同，所以价格差异很大。

运输方式按照配送时效由快到慢排序为快递、空运、铁运、海运。

快递也称为"红单"，一般 2～4 天就能签收。

空运也称为专线物流，一般 7～15 天签收。

铁运是欧洲市场独有的，一般 20～30 天签收。

海运是使用得最多的运输方式，一般 20～40 天签收。

运输方式按照价格从便宜到昂贵排序为海运、铁运、空运、快递。

价格越贵，配送时效越快；价格越便宜，配送时效越慢。

国内电商卖家在转行做跨境电商时，一定要计算头程物流的资金周转时间，关于跨境电商物流的内容在 3.4 节介绍。

3.4　国际物流和跨境电商的深度合作

从运营初期到爆款打造，国际物流都起着重要的作用。

下面从跨境电商卖家的角度，把国际物流大致分为小包和头程物流。

小包，是很多早期跨境电商卖家都使用过的运输方式，是在出单后，从中国直接发货给海外的买家。使用配送时效最快的 DHL 3 天就能到目的地。使用专线小包，30～45 天也能到目的地。当然，配送时效也和目的地国家有关。如果你做过 Wish 运营，遇到过巴西的订单，那么会发现巴西的当地物流可能需要 30 天配送，因为涉及当地部落和部落之间的运输。

目前用得最多、配送时效最稳定的小包当属中邮小包和国际 e 邮宝，采用的都是空运。空运分为两种，一种是随我们平常旅游乘坐的客机一起运输，另一种是用专门的货机运输。在绝大多数情况下，商品都是用货机运输的。只有在少数特殊情况下，商品才会被安排用客机运输。航空公司为了保障乘客安全，安检非常严格，带电的商品很容易被退件。

专门处理各类物流包裹的口岸大概有中邮广州口岸、中邮苏州口岸、中邮北京口岸、中邮上海口岸、国际 e 邮宝广州口岸、国际 e 邮宝上海口岸、国际 e 邮宝苏州口岸、国际 e 邮宝香港口岸。每个口岸都有各自的优势。深圳因为靠近香港这个自由贸易港，发货和清关极其方便，一些敏感的商品（例如，带电的、带磁的商品）用中国香港小包、新加坡小包清关会容易得多。上海口岸因为靠近较大的货运中心仁川，所以用中邮小包比较灵活，很多商品可以用货机运输，而且货机的数量多，运力充足。我了解到很多日本站自发货卖家从上海发货到日本，3～4 天就可以签收了，这就是充分利用了地理位置的优势。

这些有优势的口岸也有一个共同的问题，即卖家非常多，所以发货量极大。每年 10～12 月都会出现堆积如山的商品一时半会发不出去的情况，也会出现丢件的情况。我曾经发往美国的小包 45 天才显示妥投。你可以想象一下买家的心情，他可能都忘了这件事。

随着跨境电商行业快速发展，买家需要更好的购物体验，希望能够尽快收到商品。因此，集中把一批商品一次性先发到目的地国的海外仓，在买家下单后，就可以把商品迅速送到买家的手里。

跨境电商卖家在使用物流公司的头程服务时，只需要将商品及其发票提供给货代，货代就可以为这批商品提供清关、代交税等专业服务。卖家可以不去关注具体的清关、交税细节。稳定和性价比高的配送时效才是卖家应该重视的。

在打造一款新品时，在推广初期可以用较多的快递和空运、较少的海运把商品迅速发过去，看一看商品是否被市场接纳，看一看商品点击率、转化率等关键数据。如果商品热销，那么适当地增加一些海运次数进行补货，扩大商品的市场份额。当商品处于稳定期时，用大量的海运降低运输成本，用少量的空运、快递防止断货。这基本上是一款商品从推广初期到稳定期的运输方式，在商品的不同阶段，可以采用不同的运输方式，如图 3.10 所示。

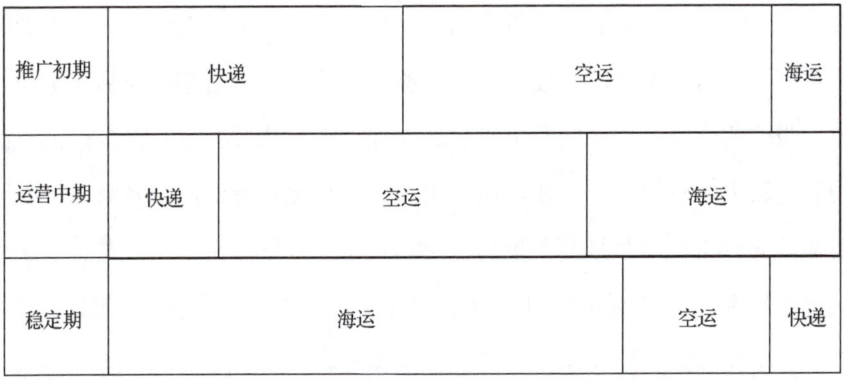

推广初期	快递		空运		海运
运营中期	快递	空运		海运	
稳定期	海运			空运	快递

图 3.10

在推广初期，快递次数占 40%，空运次数占 50%，海运次数占 10%。

在运营中期，快递次数占 15%，空运次数占 50%，海运次数占 35%。

在稳定期，海运次数占 70%，空运次数占 20%，快递次数占 10%。

绝大多数商品需要在运营的中后期才能盈利。你在推广初期要关注商品转化率。有适当的亏损是合理的，尤其在推广初期，你一定要有心理准备。

3.5　海外仓和跨境电商的深度融合

跨境电商买家对订单配送时效的要求越来越高。3.4 节介绍过，从跨境电商卖家的角度，把国际物流分为小包和头程物流。其中，小包的配送时效是 3～45 天，配送时效越快，物流费越贵，反映到商品售价上就越高。

因此，大部分订单的配送时效为 10～15 天。在 2016 年之前，这样的配送时效能满足大部分买家的需求，但是随着买家越来越年轻化，加上 FBA 能做到 1～3 天送达，所以在 7 天之内收到商品变成了大多数买家的购物要求，也成了各大跨境电商平台对卖家的物流绩效要求。

为了解决这个问题，海外仓应运而生。

顾名思义，海外仓是设置在海外目的地国家的实体仓库。卖家根据历史销售数据，有针对性地集中发一定时间内需要销售的商品到海外目的地国家的仓库，在有了买家订单后，可以第一时间把商品配送出去，配送时效为 2～7 天。

以上是海外仓最主要的用途。海外仓的优点如下：

（1）配送时间更短。买家下单后的等待时间缩短到 7 天以内。

（2）能够降低单个商品的运费。把商品通过物流头程的方式集中发到海外仓，分摊到每个商品上，相同配送时间的运费会低于从中国发小包到海外目的地的运费。

（3）增加商品的曝光度。买家都希望快速收到货，所以平台给从本国发货的商品的曝光度大于从遥远的海外发到本国的商品的曝光度。

（4）提高买家的购物体验。买家下单后，良好的购物体验不仅是迅速收到商品，还有遇到售后服务问题可以在本国迅速得到解决，这也需要使用海外仓做售后服务实现。

海外仓的缺点如下：

（1）商品集中存放在海外仓，肯定会产生当地的仓储费。仓储费的计算方式在 2.2 节中详细介绍了，即和 FBA 仓库收取的仓储费的计算方式很接近，都是按照整批商品的体积和重量综合计算的。仓储费需要均摊到商品的成本上，会导致商品成本增加。

（2）并不是所有的商品都适合放在海外仓。例如，对于一些定制类商品，买家的需求差异很大，无法提前集中采购和生产。

（3）要想把商品集中发到海外仓，就需要对商品销量做预判。跨境电商新卖家没有商品历史销量等数据，发到海外仓就有赌博的性质。

（4）存放在海外仓的商品一旦滞销，想销售完就比在国内难得多，因为大多数跨境电商卖家没有海外清货渠道。商品滞销了就会一直产生仓储费，直到仓储费比商品货值还高，卖家最后只能把商品当垃圾扔掉。

使用海外仓不仅可以进行订单商品的配送，还可以进行仓储转移、商品换标、商品翻新，也可以检查退货的商品质量问题。海外仓在第 5 章会详细介绍。

3.6 第三方收款让跨境电商交易形成闭环

如果用一句话来形容跨境电商，就是一个把钱变成货，再把货变成钱的过程，第三方收款属于"把货变成钱"的最后一个环节。

在《亚马逊跨境电商运营从入门到精通》中介绍了第三方收款公司。亚马逊自己的收款服务在 2018 年就推出了，可是在刚推出时手续费费率超过 1%，比很多第三方收款公司的手续费费率高。虽然现在亚马逊收款服务的手续费费率也低于 1%，但由于使用习惯的问题，很多卖家还是使用第三方收款公司的收款服务。

无论使用谁的收款服务，都涉及把美元、欧元、日元等外币转换成人民币提现到国内银行卡的过程。卖家把商品通过一系列出口流程发到终端买家的手里，买家在电商平台使用信用卡付款后，电商平台定期给卖家的海外银行账号打款。显然，绝大多数卖家在国内做跨境电商并没有海外银行账号。这时，拥有合法支付牌照的第三方收款公司就发挥了应有的作用：将卖家的销售货款的币种转换成人民币，卖家再将销售货款提现到国内个人储蓄卡或者企业的对公账号。

卖家把外币合理地转换成人民币，再将其提现到国内个人储蓄卡或企业的对公账号是跨境电商交易的最后一步，让跨境电商交易形成了闭环，也是跨境电商税务合规的重要环节和最充满争议的环节。

对于个人卖家来说，主要是资金的合规。

对于企业卖家来说，主要是入公司账号资金的税务合规。

下面介绍困扰很多卖家的 4 个问题。

第一，跨境电商企业的大部分交易都在海外和电商平台上进行，而且深圳的大型跨境电商企业同时在十几个平台（包括独立站）上进行跨境电商交易。随着跨境电商迅猛发展，各国税务局对电商平台进行了严格的税收督查。卖家在海外已经交税了，在国内还需要再次交税吗？答案是需要。

第二，跨境电商卖家在各大跨境电商平台上的营业额确实很高，可是平台收取的佣金、配送费、服务费等各项费用的占比已经超过 50%，能够给卖家的回款大多数只有营业额的 30%～50%。跨境电商的商品定价应该包括平台收取的佣金、配送费和服务费（如商品仓储费和促销费等）。商品销售出去后，跨境电商平台会给卖家的第三方收款账号打款。卖家将销售回款转换成人民币，提现到国内个人储蓄卡或企业的对公账号后，应该按照实际利润交税。跨境电商平台的回款中包括商品成本、商品头程物流费、员工工资、年终奖等不属于利润的部分，卖家要把资金区分开，否则会被要求多交税。

中国和很多国家在跨境电商领域都没有双边税收协定，这就导致卖家在海外交税之后，在国内还要再次交税。

第三，跨境电商卖家在国内采购商品时，往往无法及时获得采购发票等进货凭证，在商品出口清关时，又因为商品比较分散，导致无法按照 9610（全称为"跨境贸易电子商务"）模式执行，也没法满足跨境电商企业的财税规范要求。因此，9710（全称为"跨境电商 B2B 直接出口"）模式和 9810（全称为"跨境电商出口海外仓"）模式应运而生，这两种模式适用于国内企业通过跨境电商平台完成的跨境交易。

第四，现在关于跨境电商企业的所得税问题，一直没有明确的税收细则出台，导致有些跨境电商企业不知道从哪里入手让企业的税务合规。

下面举一个常见的例子。一个跨境电商企业每年在亚马逊上的销售额为 150 万美元，折合人民币约为 1000 万元。这 150 万美元的销售额全部在海外获得，该企业用美元退税的方式采购国内工厂的商品。销售回款由平台打款到该企业的第三方收款账号，第三方收款账号是离岸的美元账号。该企业在海外对应的税务局交税。亚马逊的大多数站点已经实现了代扣代缴，意思是亚马逊直接在订单里扣除应交的税款，然后将税款打给当地的税务局。

这就出现了以下两个问题：

第一，这个企业的销售回款的币种是美元。如果该企业一直用退税的方式采购国内工厂的商品，而没有将其转换成人民币，那么不需要交税。

第二，如果该企业在海外销售商品，把回款的美元转换成人民币，但这部分回款肯定不是利润。税务局在收税时，能否把成本去掉按利润收税？

我只是把问题写出来，目前行业对这两个问题是没有统一答案的。

如果您经营跨境电商企业，那么一定会感同身受。

如果您经营第三方收款公司，那么这些内容对您服务客户及合规运营有现实指导意义。

如果您是税务监管人员，那么我希望您能够对上面的案例和问题多研究，制定出合理的跨境电商企业合规政策。

3.7　知识产权为跨境电商保驾护航

如果说满足市场需求的优质私模商品是"重型武器"，可以迅速抢占市场份额，获得商品溢价，那么知识产权就是跨境电商领域的"核武器"。

欧美国家高度重视对知识产权的保护。从欧美大型企业的发展历史来看，在发展初期，这些企业都是依靠商品品牌、专利迅速发展壮大的，跨境电商平台也高度重视对知识产权的保护。

由于国内卖家以第一次接触跨境电商的卖家居多，对海外高度重视知识产权的社会环境不熟悉，导致每年都有大量的卖家在这个方面栽了跟头，所以有必要单独用一节来介绍这个方面的内容。

知识产权大致分为商标权、专利权、著作权。

1. 商标权

很多卖家对商标有误解。例如，在 1688 采购的商品上有商标，能不能直接用这个商标？这会侵权吗？自己注册的商标和销售的商品不匹配，商品在跨境电商平台上能不能正常上架？

很多卖家都在 1688 上进货，很多商品上都带有国内汉语商标，这个商标能不能直接用呢？答案是：大部分能用，对于不能用的，厂家会告诉你。你看到的那些汉语商标都是厂家自己注册的商标或者给其他客户代工时剩下的商品的商标。

你现在销往的是海外市场，只要这个汉语商标在海外没有注册，你就可以放心大胆地用，不过也有一个小隐患。1688 上有的商品注册的商标是英语字母，简称为 A，而你注册了新的商标 B 上架商品。当大量采购这批商品，并且这批商品在跨境电商平台上长期形成大量的销售订单时，有些海外买家会怀疑买到了假货，因为商品页面显示的是商品 B，但买家实际上收到的是商品 A。

虽然大部分买家不太关心这个细节，但只要有一个买家在页面上投诉这个问题，平台发现这是关于商标问题的投诉，就会立马下架这个商品。如果你的运气好，那么平台审核两天会自动恢复商品上架，如果平台严格审查，那么会要求你把商品拉到海外仓，再建立新的货件入仓。如果你在 FBA 仓库有大量的库存，商品推广节奏就会被打乱，从而增加海外本地配送的费用。

有的人说，仅仅有一个买家投诉，商品就会被下架吗？我想说的是，平台是高度重视知识产权保护的，我接触到的各种案例表明，仅仅一次投诉，就会导致商品被暂停销售，从而带来不必要的麻烦。

只要你做跨境电商，就一定要在目的地国注册一个本地商标。例如，经营亚马逊美国站的店铺，就注册美国商标，经营亚马逊英国站的店铺，就注册英国商标，经营亚马逊德国站的店铺，就注册德国商标。然后，你要把商标做成 Logo，丝印到商品包装上，这样就能彻底解决这个问题。

在提交商标注册申请后，你就可以用商标的 TM 回执提前到亚马逊注册。图 3.11 中箭头所指的数字是这个店铺注册的商标数量，一个店铺可以注册多个商标。①

---

① 在亚马逊网站上，品牌就是商标的意思。

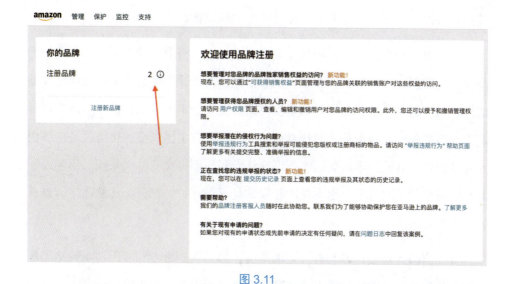

图 3.11

如果你销售多个类目的商品，那么可以同时注册多个商标。这样，你的店铺的所有商品都可以得到保护。亚马逊不限制店铺上架的类目，在大量上架商品后，总会有些商品不在"品牌注册保护类目"里。这时，其实除了投诉跟卖，商标在平台上的其他功能都是具备的。

2. 专利权

这也是国内中小卖家踩"坑"最多的地方。商品商标在美国专利局官网可以一键查询，而商品的外观设计专利很难检索。经常有新卖家把商品截图发给我，问我销售这个商品是否有外观设计专利侵权风险。说实话，这非常不好回答，因为商品外观设计专利是否侵权需要在深入了解这个商品在过去几年是如何迭代的以后，才能做大致的判断。

卖家经常接触的专利是外观设计专利和发明专利。

外观设计专利是指对商品的形状、图案或其结合，以及色彩与形状、图案的结合所做出的富有美感并适于工业应用的新设计。

外观设计专利是最近几年跨境电商领域中申请得最多的专利形式，保护的是商品的原创外观、形状、图案、色彩搭配等新设计。随着跨境电商行业发展成熟，越来越多的中国卖家开始重视对商品专利的申请和保护。与申请发明专利的高门槛相比，申请外观设计专利更容易，并且中国制造的优势就是能够快速且低成本地打板。申请美国的外观设计专利需要提交商品线条图，用实线圈起来的是受保护的部分，用虚线圈起来的是不受保护的部分，这就在申请外观设计专利方面有很大的灵活度。

查询商品外观设计专利有一定的难度，如果不知道专利号码，单纯地用图片和商品的英语关键词很难准确地查到商品是否申请了外观设计专利，这是许多卖家"踩坑"的原因之一。

拥有外观设计专利的商品在亚马逊上多如牛毛，这是侵权案件的高发领域，11.3 节会用经典的案例介绍外观设计专利的重要性和作用。

发明专利是指对商品、方法或其改进所提出的新技术方案享有的专有权利。发明专利保护的是方法、机器、制品或物的组合，或新而有用的改良者。发明专利的保护力度非常大，其申请难度最大，一般都要求商品有全面且独特的创新，单纯的部分外观、颜色变化是无法成功申请发明专利的。发明专利需要功能性的创新，对商品研发要求很高。

你在上架一个商品时，按照以下步骤操作，可以排查出大部分商品是否有外观设计专利。

（1）询问商品供应商这个商品在海外是否申请了专利。供应商虽然对海外市场不熟悉，但是对自己的商品非常熟悉，没有必要为了获得你的订单说谎话。

（2）在对应的亚马逊站点搜索这个商品，如果整个类目中只有一两家店铺在销售这个商品，那么不建议你立马销售这个商品。

如果出现了步骤（2）的情况，那么在充分了解商品功能、颜色、外观变化的情况下，可以把商品发给专门做知识产权服务的服务商，让其进一步排查。

在了解了如何排查商品是否具备外观设计专利后，作为卖家，如果你有研发新品的能力，那么建议在商品上架初期，为你觉得有潜力的商品提前申请当地国家的外观设计专利。这样可以为后续的备货保驾护航，不用担心商品被人恶意投诉而下架。

3. 著作权

在跨境电商领域，著作权一般体现在商品的文字、图案、视频上。销售格子系列商品就有很多著作权侵权风险，如图 3.12 和图 3.13 所示。

图 3.12

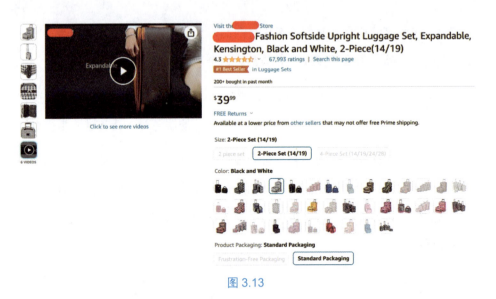

图 3.13

图 3.12 和图 3.13 所示的都是英国经典的格子系列商品。我是随机截图的，并不确定这两个商品是否有著作权保护，想说明的是，著作权一般体现在商品的文字、图案、视频上，而外观设计专利主要体现在商品的形状、图案或者两者结合，以及颜色的搭配上，这是著作权和外观设计专利的区别。

对于研发出来的商品，如果你有原创的手绘图案，那么可以在第一时间申请著作权保护。一旦这个商品热销，你就可以用著作权迅速投诉侵权的竞争对手，抢占市场。

随着跨境电商迅速发展，一部分老卖家开始重视知识产权保护，一些有研发能力的企业，甚至一些有原创绘画能力的个人卖家，都开始有意识地申请各种专利、著作权保护。虽然很多商品在上架后并不热销，但是一旦有几款商品成为市场爆款，在知识产权保护方面的投资就非常划算，并且显得非常有远见。

4

第 4 章

让人又爱又恨的物流

4.1 货代与航空公司、船运公司、物流公司的关系

3.4 节介绍了国际物流和跨境电商的深度合作，其中涉及空运、海运、快递等多种运输方式。跨境电商卖家往往不会直接与航空公司、船运公司联系，货代起着关键的中介作用。

与卖家联系最频繁、次数最多的往往是货代，但是很多人不清楚货代、航空公司、船运公司、物流公司分别是什么，下面先介绍一下什么是货代。

货代（Forwarder）的全称为国际货运代理公司。货代是指专门从事进出口运输的代理公司，没有船舶、飞机等运输工具，上游主要对接航空公司、船运公司。

航空公司（Airline）是以各种航空飞行器为运输工具为货物提供民用航空服务的企业。国际知名的航空公司有国泰航空、汉莎航空等。货代会与国际航空公司建立合作，同时将国内报关、空运、目的机场清关、配送上门等服务整合，业内俗称为国际空运专线服务。发往美国的称为美国空运专线、发往欧洲

的称为欧洲空运专线。另外，在全球范围内提供空运服务的三大佼佼者 UPS、DHL、FedEx 被称为国际三大快递公司。

船运公司（Carrier），是指拥有进出口货船的公司，如地中海船运公司（MSC）、马士基（MSK）船运公司、美森（Matson）船运公司等，一般都是大型的国际性船运公司。

国际货运因为涉及进出口清关，所以需要与各国的海关、清关行对接，有时候还需要经过中国出入境检验检疫局（CIQ）或其他当地监管部门（如商务部）的审核，因此涉及面广、专业性强，卖家一般不太可能也没有必要全面掌握这些知识、技巧及经验。

于是，自然而然地出现了货代——作为货主与航空公司、船运公司的中间人，提供与进出口商品运输相关的专业服务。

可以这么理解，航空公司和船运公司属于批发商，货代属于零售商。2020年以后，各国的航空公司、船运公司的运力大幅下降，导致海运、快递的价格不断提高。很多与货代直接联系的人，认为货代这几年赚了很多钱，其实利润最高的还是船运公司，货代仅仅赚取一部分差价而已。

当然，凡事都有例外，深圳的某些大卖家一天的发货量都是几吨，拥有足够多的发货量，可以直接对接航空公司、船运公司，甚至可以成为这些公司的大客户，优先发货。

这些大卖家也做货代的业务，发其他卖家的货物，这就属于这类公司的延伸业务了。

物流公司是一个统称，既可以从事进出口运输业务，也可以从事内陆运输业务，一般意义上的货代都属于物流公司，但物流公司不一定属于货代。

4.2　如何挑选负责任的货代

4.1 节介绍了之所以会有货代这样一个"中间人"，主要是因为出口贸易涉及面广，需要的专业知识多，因此需要有一个靠谱且负责任的货代来帮助卖家解决头程物流的各种问题。

货代是一个卖家在一年四季都需要打交道的对象。好的货代至少具备以下 3 个特征：发货渠道和配送时效稳定、物流跟踪及时、对货主的服务到位。

跨境电商属于新兴业态，每年都会有大量的新卖家入场。下面简单解释一下什么是头程物流。

对于中国卖家来说，头程物流就是把商品从中国运输到目的地国仓库，相对应的还有尾程物流，尾程物流是把商品从目的地国仓库送到终端买家的手里，这基本上是 FBA 仓库的工作人员和海外仓对接的当地的快递公司在做。头程物流就好比战场上的后勤补给，卖家在前线不断地推广新品，攻城夺地，如果"子弹"不能及时、稳定地供应到位，那么对于新品来说，断货对商品销售损伤非常大。对于爆款来说，断货意味着直接损失利润。因此，头程物流的稳定性比配送时效更重要。

假设发美国空派[①]，A 货代收费 50 元，10 天按时签收。B 货代收费 48 元，第一次 7 天签收，第二次 12 天签收，第三次 10 天签收。即使 B 货代的收费便宜，我还是会选择 A 货代。

一个跨境电商卖家需要的是可预测的到货时间，这对打造爆款起决定性的作用，因为头程物流的可控性太重要了。

这就引申出一个挑选好货代的问题，货代也分为大型货代、中小型货代和个人货代，其实没有绝对好坏之分。

---

① 空派是指头程使用空运，到目的地国再使用快递或卡车派送。派送也叫配送。

我们接触得最多的是中小型货代和个人货代。有些货代只能被称为物流界的"贸易商货代"。他们先从卖家手中收货，然后将其批发给同行中更有价格优势的其他货代。我并不排斥"贸易商货代"，因为只要价格和渠道稳定，大部分卖家是不介意最终由谁发货的。就好比买家在亚马逊上买商品，不会在意卖家是在 1688 上进货，还是在沃尔玛上一件代发。

大型货代就是我们经常听到的十几家公司，其优势是服务正规、手续齐全，即使货物丢失也有相应的人来负责。对于大多数小卖家而言，货物可能只有几十千克，大型货代根本不重视这么少的货物，不会给卖家账期，也不打折，但大型货代的渠道比较安全。大型货代其实更愿意发货代同行的货物，虽然利润低，但对接起来非常省事、效率高，因为都是从事同一个领域的工作，沟通顺畅，不用对什么都不懂的客户做很多基础知识的解释。

负责任的货代是需要花心思去选择、沉淀的。

这里还需要介绍一个卖家容易忽略的问题，好的货代往往不是对所有渠道都有优势的，而是有所侧重的。有的货代擅长欧美海运，可能顺带做日本渠道；有的货代专发小包，空运可能不是它的强项；有的货代擅长日本逆算清关，而有的货代擅长发粉末、带电、带磁的敏感物品等。

每个货代都有自己的优势渠道，不会是一个"全能手"，这是货代行业未来的发展趋势。

4.3　这样的货代才是中国好货代

中国跨境电商未来几年将会持续发展，出口物流中的海运、空运、快递的价格将会一直处于高位，海运的价格维持在 20 元/千克左右，快递的价格维持在 50 元/千克以上是大概率的事情。对于跨境电商卖家来说，接触得最多、与运营最相关的服务商非货代莫属,从新品推广前期的商品成本计算,到运营中期的爆款打造,再到后期的供应链管理,处处都要和货代打交道。

很多从做国内电商转行做跨境电商的卖家非常不适应物流,因为涉及提交出口报关等文件,找一个负责的货代,可以解决这些问题。

深圳作为紧邻自由贸易港的城市,有着比内陆城市更多的物流优势。不过,这些优势越来越不明显,特别是在每年 10～12 月旺季时,江苏、宁波、上海的运输价格会比深圳便宜很多。

如果你不是深圳的卖家,或者是深圳的卖家但合作的工厂在江浙一带,那么建议优先选择与江苏、宁波、上海的货代合作。在传统外贸蓬勃发展的时期,江苏、宁波和上海积累了大量的头部快递公司,因此价格会比深圳的快递公司的价格低。另外,随着传统外贸的市场份额不断下降,目前的发货量满足不了当地的货代业务量要求,因此那边的货代纷纷在深圳开了分公司,把富余的仓位和运力用来接 FBA 商品,头程物流的价格自然要比单纯在深圳收货的公司的价格低得多。

你要尽量在发货前选择能够在货物签收后再付款的货代。跨境物流领域鱼龙混杂,有一些不太正规的货代。有责任、有实力、有职业道德、愿意付出的货代才值得长期合作。

我遇到过货物空运了一个月的奇葩情况,期间多次询问货代,得到的回复都是正常查验中。幸好在第 45 天时货物被签收了。我过了很久才知道,原来这个货代把按 35 元/千克收费的空运货物发十几元/千克的海运慢船。

如果你的发货量小,那么大型货代在各个方面的服务都中规中矩,而一些中小型货代和个人货代的价格更低、服务更好。

中小型货代和个人货代会用你要求的渠道发货,在计算体积时,不会特意把箱子的尺寸测大，在遇到海关查验时，会给你出具相关的查验文件，而不是随口说被查验了，在经过日本海关时，也不会特意按照最高价格申报来降低清关风险。

以上都是我经历过的事情。在海关清关时，卖家和货代有一定的信息不对称。负责任的货代特别是一些愿意在货物签收后再让你付款的货代，会按照行业规矩和职业道德做事。即使你选择个人货代也没关系，只要网上的物流信息显示签收了，你就一定要及时给货代付款，毕竟货代用自己的钱帮你发货。

4.4　货代的服务变化

3.4 节介绍了空运、海运、铁运的配送时效问题。选择任何货代都有不可控因素，货代的清关能力不同。随着跨境物流行业的发展，一些走在国际物流行业发展前列的货代，现在出现了以下几个发展趋势。

1. 货代往往在某条线路上有优势，而不像之前一样什么线路都经营。

之前货代业务员在介绍报价表时，会说美国、欧洲、加拿大、日本甚至中东的物流线路都经营，但这是不太专业的表现。专业的货代会集中优势去经营某条线路，例如有的货代专门经营欧洲线路，顺带经营美国线路、加拿大线路。

如果你经常参加跨境电商展会，就会发现有的货代专门经营加拿大线路，甚至不经营发货量最大的美国线路，还有的货代专门经营东南亚线路，因为东南亚跨境电商发展迅猛，Shopee、TikTok 在东南亚的市场份额进一步扩大，许多卖家都在印度尼西亚、马来西亚、菲律宾、越南等地建有海外仓，这就需要专门经营东南亚线路的货代完善头程物流。

专门经营欧洲线路的货代的清关能力肯定比顺带经营欧洲线路的货代的清关能力强。同理，专门经营东南亚线路的货代肯定比专门经营美国线路的货代在东南亚的清关能力强，物流时效更有保证。

这是在选择货代时需要考虑的关键因素。

2．货代现在更重视物流后端服务[①]

跨境电商迅猛发展，虽然发货量一年比一年大，但头程物流的利润越来越低。货代为了提高盈利能力，都在布局物流后端服务。

下面介绍德国自税清关的成本，可以让你更清楚货代为什么越来越重视物流后端服务。

德国自税清关的成本包含以下 4 个部分：整柜费、起运港费、目的港费、派送费。

（1）整柜费在旺季为 1600 美元/月左右。不过，需要说明的是，整柜费经常变动，在旺季和淡季区别很大，在淡季有时候只需要 800 美元/月左右。

（2）起运港费包含码头杂费、拖柜费和报关费。起运港费大概是 3000 元。一个深圳地址产生的拖柜费为 950 元。报关费一般为 500 元。

（3）目的港费是指货物到目的地港口产生的费用，包括清关费、港杂费、码头提柜费、转关文件费、拆柜费。这 5 个费用在不同的目的地国差异很大，就不列举数字了。

（4）派送费。德国的派送费是 20 欧元/托盘，整车的派送费是 1120 欧元左右。

---

① 物流后端服务指的是货代收货后提供的一些专业服务，包括清关、提取、派送等，简称为清提派。

以上就是行业变化和竞争加剧导致货代重视物流后端服务的原因。不同的货代的成本结构的差别很大。货代对美国、欧洲、日本的物流后端服务的报价也有很大差别。我介绍这些的目的是让你更深入地了解跨境物流的成本，而不要一味地砍价，也不要被坑了。

4.5　跨境电商卖家需要避免踩的几个物流"坑"

跨境电商卖家需要经常与货代合作。与一个安全、稳定、负责任的货代合作是卖家打造爆款的必要条件。虽然我接触的大部分货代都是有责任心的，但是跨境物流行业的信息不对称，确实有部分不良货代钻了漏洞。这些常见的漏洞就是卖家需要避免踩的几个物流"坑"。少踩几个这样的物流"坑"，每年可以节省很多运费。

什么叫一个合格的货代？

（1）物流时效稳定，价格合适。货代不能为了提前拿到货而报很低的价格，后续再给出各种理由涨价。

（2）正常测量箱子体积。有的货代会在箱子体积上"下功夫"，测量出的箱子体积大于实际体积，导致卖家需要多付运费。

（3）有自己的优势物流线路。好的货代往往专门经营某条物流线路，而不是经营全球所有国家的线路，这也是跨境物流行业的发展趋势之一。

知道了什么叫合格的货代，下面罗列几个卖家容易踩的物流"坑"。

第一个常见的"坑"：超低价揽收。

货代行业存在的时间比跨境电商长，从业人数比卖家多，行业竞争非常激烈，导致有的货代业务员为了第一时间揽收更多卖家的货物，不惜以低于成本的价格揽收，等收到货后，以航班、船延期，需要换航班或换船为由进行涨价。由于大多数卖家不会花时间关注这些跨境物流行业的信息，只能以货代发来的消息为准，因此很多卖家还觉得这个货代的服务好。

第二个常见的"坑"：按高价空运的价格收费发低价的海运。

2020 年，个别没有职业精神的货代使用这个操作手段发财了，那时候空运的价格为 80 多元/千克，海运的价格虽然贵一点儿，但也只要 20 多元/千克。假设这个货代一个月的发货量是 2000 千克，他按空运的价格收费，然后发海运，运费总共只需要 40 000 多元，你可以算出有多少利润。当然，这只是少部分黑心货代的操作，大部分良心货代都是按什么价格收费，就对应用什么运输方式。

为了防止踩"坑"，你一定要及时与货代确认空运的航班、货物上飞机的时间，特别是空运的物流单号。只要确认的细节多了，货代就不敢故意错用其他的运输方式。

第三个常见的"坑"：海关清关查验的"坑"。

这在发日本的货时经常遇到。海关并不是查验每一票的货，而是抽查。也就是说，有时候会遇到海关严查货物，有时候不会遇到查验，但有少数货代说每一票货都会被查验，如果遇到没查验，货代就将你的"关税"收入囊中，很多物流公司也将其默认为自己收入的一部分。这是在日本海运清关时经常遇到的"坑"。

欧美方向的海运的查验率是非常低的，但偶尔也会遇到海运例行查验。查验费是按照整条船上每个人的发货重量进行分摊的。有时候，查验只是货代的一面之词，他为了把之前低价揽货的成本收回来。你一定要记得向货代索要海关查验证明文件。

最后，我想说的是物流时效的问题，有一个被很多人误解的地方是，即使渠道最好的货代，发 100 次货稳定签收，第 101 次也有可能延误。

这并不是货代的问题，而是跨境物流在运输中总有不可控性。你了解了这一点，就应该理解合作的货代。

如果你想要最大限度地避免这种情况发生，就应该多与几个有实力的货代合作，把货物分散给不同的货代发，这样就能大大地降低出现异常的概率。

5 第 5 章

海外仓在跨境电商中大有可为

5.1 海外仓不仅仅是一个仓库

很多第一次接触跨境电商的人都认为海外仓只是一个仓库，甚至很多做过多年跨境电商的卖家也对海外仓一知半解。海外仓其实有着丰富的功能，仓储只是最基本的功能。

海外仓的功能主要体现为"先备货，后交易"。将传统的从国内直邮演变为 FBA 或本地海外仓发货，可以让买家获得极速配送的物流体验，这也是跨境电商零售端对商品配送时效要求越来越高的表现。以往从中国发邮政小包，经过漫长的12～30天买家才能收到货,而本地海外仓配送可以做到7天之内签收。

海外仓的本地化功能一般包括物流服务、清关服务、销售支持、金融服务、海外推广、行政服务。

海外仓的物流服务是跨境电商卖家接触得最多的服务，包括卖家常用的头程物流、海外退换货、换标及单独包装。

海外仓的清关服务是与物流服务紧密相关的，包括商品的进出口清关、报关报税，以及部分商检服务。

海外仓的销售支持是一项辅助功能，包括商品退货、退货商品的维修、质检及打码。

海外仓的金融服务目前用得不多，但在未来卖家的跨境业务越做越大之后就会频繁用到金融服务，包括代收货款、仓单质押、保理业务、库仓融资和仓储金融等涉及海外资金流动的服务。

海外仓的海外推广和行政服务包括海外公司注册、税务服务、海外展会布置、商品展示服务及海外相关的法律支持服务等。

看了上面的介绍之后，你是不是觉得海外仓的功能丰富且强大？海外仓不仅是海外的仓库，还是以仓储为核心功能的综合物流配套体系，具有大宗商品运输、海内外贸易清关、精细化库存管理、海外推广等功能。

海外仓是跨境电商做大之后的必选项，其核心是帮助跨境电商企业实现本地化服务。

5.2　选择最合适的海外仓

5.1 节介绍了海外仓的基本概念和几个功能，这是专业做海外仓的从业者需要深度了解的，但跨境电商卖家只需要了解基本概况即可。本节介绍海外仓的几种类型，以及每种类型的优缺点，帮助卖家在跨境出海过程中选择适合自己的海外仓。

目前，海外仓大致分为以下 4 种类型：跨境电商平台的海外仓、卖家自建的海外仓、第三方海外仓、家庭海外仓。

1. 跨境电商平台的海外仓

我们接触得最多的跨境电商平台的海外仓是 FBA 仓库。这是亚马逊在世界各地投入重金建立的海外实体仓库。亚马逊组建了强大的配送团队，让平台的订单能够第一时间配送出去。亚马逊还依托自身的商品大数据，把更多的商品运到该商品往年订单多的区域，让订单商品在两天左右可以签收。我们身在中国觉得这没什么，但在美国、加拿大、欧洲这些国家和地区，正常的配送需要 5 天左右。

正是因为亚马逊提供了这样高效的配送体验，成就了 FBA 订单这几年成倍增长，买家也更愿意多花钱去购买配送时效更快的商品。

如果某个商品在某些区域往年的订单较少，亚马逊就会把少量该商品放在这个区域的仓库，实现仓库空间的合理利用，同时还能保证该商品有合理的库存用于销售。

2. 卖家自建的海外仓

卖家自建海外仓是因为该卖家（某些跨境电商公司）的商品的销量巨大，或者销售的商品属于大件。例如，沙发、床垫等商品的体积和重量巨大，FBA 仓库收取的配送费非常高。基于成本考虑，这类大件商品不适合发到 FBA 仓库，也不适合让当地物流公司发货。如果想销售好类似于沙发、床垫、柜子等大件商品，卖家就需要优先解决物流问题，如果物流问题解决不了，大件商品就无法跨境出海销售，或者说卖家无法长久销售该类目的商品。

只要资金实力强，有能力在海外自建仓库和配送团队，卖家就可以大大地降低物流成本。图 5.1 所示为一组家庭使用的沙发套装。可以看到，需要有大客厅的房子才能放得下，如果把它放到 FBA 仓库，那么亚马逊收取的配送费非常高。这个卖家就是使用自发货的形式在销售这个商品，箭头所指的 "Sold by"

指明谁负责物流配送，这里显示的是卖家的店铺名，因此是卖家负责物流配送。这个商品的评论有 3000 多条，根据平台评论数和销量的关系分析，最少已经销售了 3 万个沙发套装。这一般是在亚马逊上销售大件商品时才会出现的情况，轻小件商品基本上都使用 FBA。

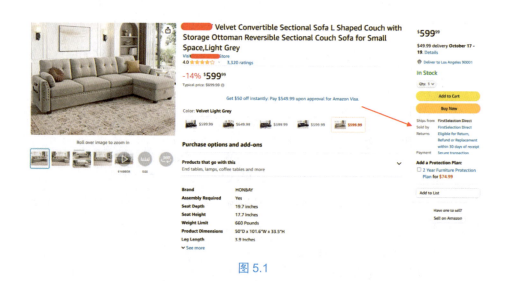

图 5.1

3. 第三方海外仓

第三方海外仓指的是专门做海外仓业务的公司建立的海外仓或跨境物流公司顺带建的海外仓，一般是在目的地国租的仓库。我觉得使用第三方海外仓比使用 FBA 仓库更灵活，比自建海外仓成本更低，因此第三方海外仓的客户也很多。

第三方海外仓在头程服务、入仓包装要求、商品入仓后的配送及仓储成本方面都和 FBA 仓库区别较大。

在头程服务方面，第三方海外仓一般可以提供一站式服务，包括清关、代交税款、配送到仓等，而使用 FBA 仓库时亚马逊是不负责清关的。

在入仓包装要求方面，FBA 仓库对商品箱子的体积、重量、装箱方式都有严格的要求，一旦不符合要求就可能拒绝入仓，而对于第三方海外仓来说，除了当地禁运的物品，基本上都可以顺利入仓。

在商品入仓后的配送方面，第三方海外仓可以给当地所有的电商平台一件代发，并且可以按照卖家意愿处理滞销品，而 FBA 仓库里的商品虽然有多渠道可以配送到其他地址，但外箱包装上有 FBA 标识。之前有买家在沃尔玛下单，收到的商品的外箱包装上有 FBA 标识，虽然商品是一样的，但是买家很介意。

在仓储成本方面，亚马逊在 10～12 月会收 3 倍月度仓储费，对存放超过 6 个月的商品还会收取超龄库存附加费。总之，这些费用比第三方海外仓的仓储费贵太多。我的身边有许多卖家在 9 月把滞销商品拉到第三方海外仓存放，到 12 月时再把它们重新送到 FBA 仓库，这么做的目的是避免支付 3 倍月度仓储费和超龄库存附加费。

4．家庭海外仓

家庭海外仓指的是一些海外华人利用家里的闲置空间建立的海外仓（例如用地下车库囤放卖家的商品）。

建立家庭海外仓是许多华人喜欢做的副业之一，因为门槛不高，可操作性强。美国的亚马逊卖家群体庞大，建立海外仓的华人可以把自己家里的空间充分利用起来，在家兼职多获得一份收入。

目前，家庭海外仓的客户分为以下几类。

（1）亚马逊的转运客户。这部分客户是很多海外仓的主要客户，因为在亚马逊上销售的商品需要单独贴标，所以卖家在运营的过程中，经常有需要换标或贴标的需求，以及有从 FBA 仓库拉出商品再送进商品的转运需求。这些商品的数量不多，所以这些需求非常适合采用家庭海外仓这种成本较低的服务模式进行满足。当然，有的卖家转运的商品数量非常多，需要给每个商品都单独贴

标。小标签的贴标服务费一般为 0.3 美元/个，大标签的贴标服务费一般为
0.5 美元/个。

（2）独立站的传统客户。这部分客户大多需要一件代发服务，商品涉及进
仓、上架、下架、贴标、耗材使用、仓储服务等。如果家庭海外仓的经营者的
服务好，那么这部分客户就是很稳定的客户。

（3）销售敏感商品的客户。这类客户销售液体、粉末、刀具等不适合在各
大跨境电商平台上架的商品，往往会通过海外仓一件代发给买家。因为他们销
售的是敏感商品，所以服务报价比普通商品贵 2～3 元/个。

（4）专门收买家退货的客户。只要做跨境电商就会遇到退货的问题。退货
是很容易发生的事情，如果都把货退到中国，运费就太贵了，甚至比货值还高。
因此，卖家可以把货退到家庭海外仓，让家庭海外仓的经营者帮忙开箱检查、
拍照、查看商品是否完好，并做好相应的登记工作，再根据客户的要求重新发
货。这项服务在家庭海外仓中属于比较麻烦的业务，但需求量巨大。第三方海
外仓的经营者由于会雇当地人做这件事，因此报价较贵，而家庭海外仓的经营
者在家兼职做，也可以接这类业务，而且报价便宜。

随着货物量增加，家庭海外仓的经营者也会租用别人的仓库，以及雇人处
理更多的事情。一些第三方海外仓就是这么发展过来的。对于在海外有固定居
所，想进入跨境电商行业但又觉得直接做卖家门槛高、投资大的一类人来说，
建立家庭海外仓是一个很好的切入点，可以迅速、低成本地熟悉这个行业。当
经营了一段时间的家庭海外仓之后，他们会发现对接的大部分人都是中国卖家，
可以用微信交流，用人民币付款。有的家庭海外仓的经营者会做很多退货和清
货业务，回收的清货商品一般价格很低，大部分货值为1～3 美元，有的服装的
回收价甚至不到 1 美元，然后他们通过自己的线下渠道销售这些商品，得到的
利润居然比单独做家庭海外仓业务还要高，因而专注于做海外清货、库存回
收这类延伸服务。

这 4 种海外仓都有优缺点。作为一个跨境电商卖家，你需要根据商品的特点，选择适合自己的海外仓。需要强调的一点是，如果你是国内的卖家，与海外仓的经营者跨国交易和交流，那么一旦出现问题，你个人就很难解决，因此一个靠谱的海外仓的服务应该比价格更重要。你不要一味地选择超低价的家庭海外仓。

5.3　什么时候适合使用第三方海外仓

第三方海外仓在跨境出海的过程中起着非常重要的作用，但并不是在所有时间都需要使用。例如，在做跨境电商的起步期，就暂时用不上第三方海外仓，往往在需要解决具体的问题时，才会使用第三方海外仓。

亚马逊的库容量有限制，也就是说 FBA 仓库只给卖家有限的库容量，进而卖家店铺里的热销商品无法补货，这是使用第三方海外仓最多的原因。许多卖家陆续把商品提前发到第三方海外仓，等亚马逊店铺卖出一些商品，释放一定的库容量后，再从第三方海外仓给 FBA 仓库送货，保证热销商品不断货。

出现这种情况的深层次原因是亚马逊给 FBA 商品更多的流量。所以，大部分卖家只能让商品从 FBA 仓库出单，再配送到买家手里。虽然第三方海外仓也可以配送，但是配送时效和 FBA 相比会慢很多。

在销售旺季，美国的各大港口拥堵，在 FBA 仓库爆仓时，海运的货船、当地卡车都处于长期排队等待状态。毫不夸张地说，每年的 11 月和 12 月，从亚马逊各仓库排队等待的卡车能从仓库一直排到海运码头。如此拥堵的物流，势必会影响卖家店铺里商品的正常销售，热销商品一旦断货，损失的不仅是销售额和利润，还损失了前期推广商品的大量费用。如果断货时间过长，这个商品在平台上可能难以恢复往日的订单量。

这时，提前把一部分商品发到第三方海外仓，可以有效地防止物流延误导致的断货风险，毕竟从本地第三方海外仓配送到 FBA 仓库最多需要一周，但如果从中国用海运则至少需要一个月，根本来不及。有的卖家说可以用 DHL 这样的商业快递，虽然时效很快，3～5 天就能签收，但是价格非常昂贵，商品的头程物流成本很高，会导致利润被高昂的快递费吃掉，甚至造成亏损。提前把货发到第三方海外仓再配送到 FBA 仓库，虽然会产生中转的成本，但是这个成本会低于商业快递的费用，选择第三方海外仓是基于成本考量的。

在运营跨境电商平台账号的过程中，经常需要第三方海外仓配合卖家处理各种突发情况。例如，贴标和换标、高货值商品的退货、应对平台对假货的质疑、投诉跟卖等。

很多新手卖家为了降低前期的启动成本，使用廉价的不干胶贴纸在国内给商品贴标，商品经过一个月的海运到达 FBA 仓库后，这些不干胶贴纸已经褪色，变得模糊了。仓库人员因此无法用扫描枪识别商品标签，使得商品无法正常入仓。这时，卖家只能将所有的商品移到第三方海外仓，让第三方海外仓的工作人员进行换标，重新入库。这是每年都会发生的事情，也是第三方海外仓近两年做得较多的业务。

随着中国卖家增多，50 美元以下的低客单价商品的竞争越来越激烈。所以，有些卖家就专门销售高客单价商品，有的售价高达几百美元。退货不可避免，如果是低客单价商品可以不要了，送给买家，但高客单价商品是有回收价值的。有的买家只是因为包装有问题而退货，这时卖家就可以把商品退到第三方海外仓，更换包装后再给其他下单的买家发货。这虽然增加了用第三方海外仓中转的费用，但高客单价商品的利润大多是可以覆盖退换货成本的。

有些买家投诉收到的商品不是新品，这时卖家除了需要提供发票、商品采购合同给平台审核，一般还需要将商品照片提供给客服。FBA 仓库不提供拍照服务，卖家只能将这个订单的商品退到第三方海外仓拍照，完成这次非新品的审核。

亚马逊上跟卖的卖家很多，卖家投诉跟卖需要提交商品的最新照片和订单号，以证明跟卖的卖家卖的是假货，进而要求亚马逊移除跟卖。

做跨境电商，经常会出现商品滞销的情况。我经常开玩笑说，如果在国内销售，把滞销商品拉到集市摆地摊也能清理完，但跨境电商卖家的商品都在海外，甚至有的销售季节性商品的卖家，在冬季或者夏季发货多了，过季商品在站内和站外都没有市场需求。这时，卖家可以把剩余的商品拉到第三方海外仓存放几个月，再拉回 FBA 仓库销售还能赚回用第三方海外仓中转的费用。存放时间不用太久，3～4 个月即可，夏季商品在第三方海外仓存放的时间是从 10 月到次年 1 月，冬季商品在第三方海外仓存放的时间是从 2 月到 6 月，因为销售季节性商品需要提前 2～3 个月预热，所以一定要在季节开始前把商品拉回 FBA 仓库。还有一个经验需要介绍，建议用亚马逊自提回仓库，亚马逊自提的费用比第三方海外仓配送的费用便宜得多。当然，不排除有些家庭海外仓有私人卡车，费用也不贵。当要把商品拉回 FBA 仓库时，卖家在亚马逊后台输入箱子数量和重量，就可以预览亚马逊自提的费用，再对比第三方海外仓的报价，选择成本低的配送方式即可。

5.4　如何通过海外仓共享去库存

在了解了海外仓的定义、功能，以及什么时候使用后，如何迅速周转海外仓库存是每个跨境电商企业出海都不可回避的问题，也是无法回避的问题。海外仓库存会影响资金的周转速度与商品的海外覆盖效率，这直接决定了跨境电商这门生意的成败。

下面做两个极端的比喻，可以让你深刻地理解海外仓库存问题。

在商品发到海外仓后，一个月都卖不出几个，卖家就需要为这批商品支付高昂的仓储费。

在商品发到海外仓后，一天之内卖掉了所有的商品，导致断货损失了本应有的销售利润。

很明显，商品放在海外仓，滞销和断货都不是卖家想要的结果。对于一名合格的跨境电商卖家来说，维持合理的库存且保证海外买家在下单时有货可发才是海外仓库存管理的重点和核心。

现在的跨境电商平台众多，虽然亚马逊依然是跨境电商行业的老大，但沃尔玛、Temu、SHEIN、Shopee 都给了卖家更多的选择和机遇。

随着精品模式成为亚马逊卖家圈主流的运营方式，深耕供应链成为卖家的努力方向，那么对于共享供应链这件事，卖家就应该提前学习和了解。否则，卖家一时半会还是解决不了跨境电商海外压货模式导致的资金黑洞和库存周转问题。

以每年都热销的 dog bed（狗床）为例，在选品初期，卖家就应该考虑共享供应链。首先，相同的商品在不同的站点都可以销售，图 5.2 至图 5.4 所示分别为在亚马逊美国站、加拿大站、墨西哥站上搜索"dog bed"的截图。

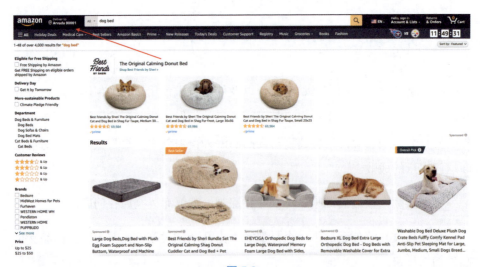

图 5.2

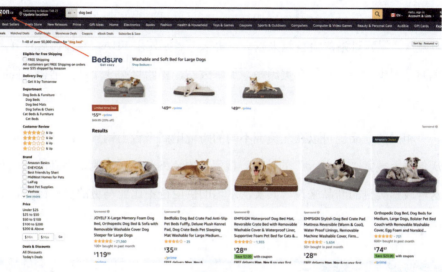

图 5.3

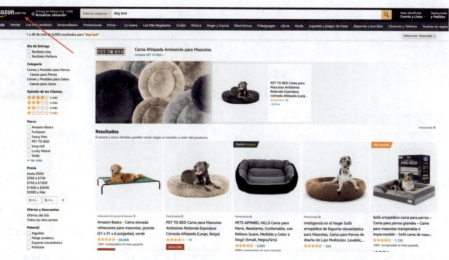

图 5.4

　　大多数主要在美国销售的商品的采购数量多，卖家的备货压力大，利润率不高。这时，发一部分商品到加拿大站，可以迅速提高利润率。不知道你有没有发现，墨西哥站的流量越来越大。卖家不需要使用 FBA，直接在后台开启国际商品同步功能，就能在美国站、加拿大站、墨西哥站 3 个站点销售，同时给一个商品去库存。

　　相同的商品也可以在北美洲不同的跨境电商平台上销售。图 5.5 所示为在沃尔玛上搜索"dog bed"的结果，搜索结果还细分出了大狗、小狗的床。对于这种成熟类目的商品来说，其实沃尔玛的供应链不比亚马逊的供应链差，而且沃尔玛的卖家以美国本地卖家居多。

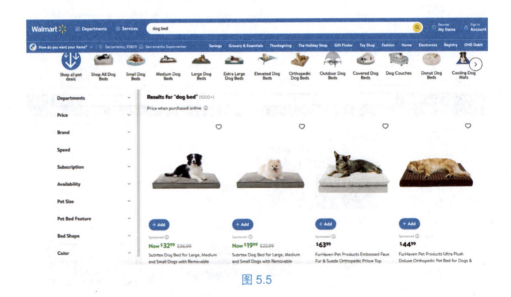

图 5.5

　　如果你深耕 dog bed 这个类目的商品且经营北美洲市场，那么沃尔玛美国站是一个很好的去库存渠道。在选品时，你可以选择在多个平台上都热销的新品，即使这个商品在亚马逊上滞销了，把它拉到海外仓换标再到沃尔玛上销售，也能卖出去，这是降低新品失败风险的一种方式。

上面介绍的是相同的商品在北美洲不同的跨境电商平台上销售。下面介绍一个新思路，相同的商品在不同的地区也可以销售。东南亚的年轻人多，在东南亚，宠物用品类目的商品的销量逆势增长。图 5.6 所示为在 Shopee 上搜索"dog bed"的结果。

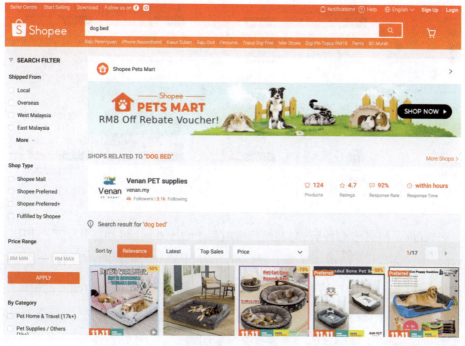

图 5.6

从搜索结果来看，dog bed 在东南亚也有不错的销量。有些备货过多，商品积压在国内仓库的卖家，可以在 Shopee 上销售一部分商品。在选品前，你需要调研在正在经营的跨境电商平台上商品是否有市场，以便后期清货。

如果你一开始就打算以超低价卖，目的就是去库存，那么可以尝试在跨境电商新秀平台——Temu 上销售。Temu 的客单价都超低，出单量有时候非常大，如图 5.7 所示。

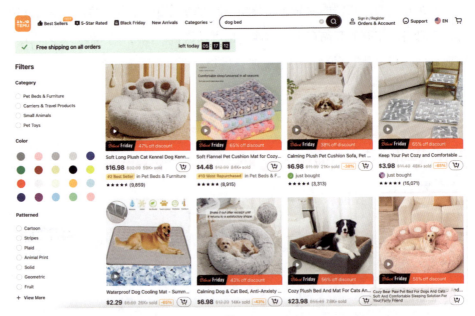

图 5.7

Temu 是拼多多海外版。与其他跨境电商平台上 dog bed 动辄几十美元相比，Temu 上的 dog bed 的价格基本上都是 20 美元以下，有的甚至只有不到 5 美元。如果你在 Temu 上给足够低的价格，就可以快速清货回笼资金。Temu 的模式是全托管模式，你不需要打广告运营店铺，只需要给商品报价，再把货发给 Temu 买手（Temu 和卖家联系的一个职位名称）即可。

关于 Temu 的全托管模式，在第 6 章会详细介绍。

还有一个中国黑马跨境电商平台是依靠国内服装供应链起家的 SHEIN，它也被称为希音。SHEIN 在北美洲市场也风生水起，是靠销售女装起家的，现在想丰富平台的商品类目，同时采用了半托管模式和全托管模式。SHEIN 之前对第三方卖家入驻的门槛较高，需要第三方卖家提供在其他跨境电商平台上 200 万美元/年的流水证明，这就拦住了大部分中小卖家。现在 SHEIN 为了增加入驻卖家的数量，取消了让卖家提供 200 万美元/年的流水证明。SHEIN 的客单价高，利润率也高。SHEIN 的页面如图 5.8 所示。

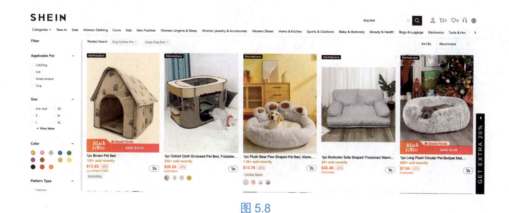

图 5.8

因为 SHEIN 采用了两种运营模式，所以如果你有平台运营经验，那么可以尝试以第三方卖家的身份入驻，如果你对自己运营 SHEIN 没有信心，那么可以采用全托管模式，SHEIN 的买手核价是非常专业的，会给你合理的利润空间，不至于让你亏损去处理库存。

跨境电商的海外仓压货、资金周转难是世界性的难题，你只能通过深耕供应链、熟悉市场、布局多个跨境电商平台降低滞销的风险，提高在不同平台上的盈利能力。

6

第 6 章

跨境电商黑马平台 Temu 的前世今生

6.1　拼多多和Temu的关系

你应该对成立于 2015 年的拼多多很熟悉，拼多多的市值几乎与阿里巴巴持平了，这是一个很惊人的成绩，也是一个有代表性的事件。这意味着拼多多走出了一条属于自己的商业扩张之路。拼多多定位于下沉市场，并且将性价比做到了极致。

从 2022 年到 2023 年，Temu 在全球几十个国家和地区都开通了线上购物站点，如图 6.1 所示。

可以说，Temu 隶属于拼多多，而且它的很多推广经验、运作模式都是参考拼多多的。面对更大的跨境电商市场，现阶段的 Temu 具备了天时、地利、人和三个成功因素。

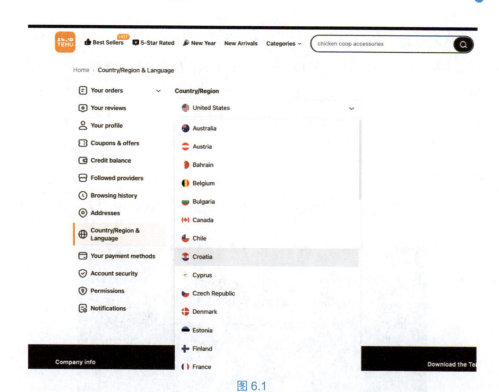

图 6.1

6.2　Temu已成为拼多多的第二增长曲线

Temu 背靠拼多多这棵大树，在海外市场高举高打，特别是在 2023 年 2 月 "美国春晚" —— "超级碗" 上，Temu 凭借一条 30 秒的广告，让 1 亿多个观众在一夜之间记住了这个来自中国的新兴平台。"Shop like a billionaire"（像亿万富翁一样购物）的广告语，成为海外众多社交媒体热议的话题。

Temu App 的下载量一度超过亚马逊 App 的下载量。不过，亚马逊目前依然是跨境电商领域的主导平台。多平台布局已经成为跨境电商卖家圈的共识。在保持亚马逊订单量和利润的情况下，多平台布局是让跨境电商业务长期、稳定发展的必要措施。

从表面上来看,Temu 挥金如土的营销策略,加上能提供极致性价比的中国制造商品,使得 Temu 的海外市场迅速得到扩张,但从本质上来看,全球互联网从消费跨境转向产业跨境、从单纯的消费互联网演变为产业互联网所带来的机会,正好被 Temu 把握住了。国内互联网就是从消费互联网演变为现在的产业互联网的,跨境电商只是传统外贸插上互联网的翅膀,就必然符合国内互联网的发展规律。

只有有心的卖家才能看懂图 6.2 中的这句话——国内电商就是我们的先知。

图 6.2

用通俗易懂的话解释"国内电商就是我们的先知"就是,国内电商发生的事情会在跨境电商再发生一遍,正所谓"太阳底下无新鲜事"。Temu 的全托管模式符合产业互联网的特点,业内大卖家迅速发展,跨境电商行业不断招人。大量发货的时代结束了,贸易的碎片化让工厂型卖家和贸易型卖家都有一定的生存空间。

有些入驻 Temu 的卖家说 Temu 的价格超低,没有利润。我觉得得出这样的结论为时过早。在任何平台上想要取得成功,都需要付出时间和精力,并且要以专业人士的姿态去做。我身边的大量刚入驻 Temu 的卖家说，其入驻流程和经营体验与 2014 年的亚马逊太像了，跨境电商市场和平台发展的双重红利让更多的卖家对 Temu 的未来发展充满了期待。

6.3　跨境电商平台的3种经营模式分析

一说到 Temu 的全托管模式，很多卖家都觉得很神秘，不知道怎么操作。这就涉及跨境电商的产业链，从选品、生产、备货、头程物流、运营推广、仓储、出单、本地配送、售后服务到回款。

把跨境电商最本质的东西明确后，我们就可以正确地理解什么是全托管模式。

跨境电商平台的经营模式可以分为第三方卖家入驻模式、半托管模式、全托管模式。其中，在第三方卖家入驻模式中，卖家拥有最大的运营权，第三方卖家入驻模式对卖家的要求最高。在全托管模式中，平台拥有最大的控制权，全托管模式对卖家的要求最低。

第三方卖家入驻模式是指跨境电商的整个产业链都由卖家负责，平台只起到桥梁和中间商的作用。其代表性平台是速卖通和亚马逊。

半托管模式是指卖家负责选品、生产、备货、头程物流，平台负责运营推广、仓储、出单。卖家在出单后负责本地配送、售后服务。平台按照卖家提供的收款账号给卖家打款。亚马逊的 FBA 模式属于特殊的半托管模式，由卖家负责运营推广，亚马逊主要负责商品出单后的本地配送、售后服务、回款。在前几年，FBA 模式很好地解决了跨境电商中最难的问题，也就是海外出单后的本地配送、售后服务问题。

图 6.3 所示为 FBA 商品——智能扫地机器人。

智能扫地机器人是近几年及未来几年都很火的 AI 商品，箭头所指的带有 prime 标识的就是 FBA 商品。

图 6.3

亚马逊卖家的商品在没有出境以前，卖家需要负责选品、生产、备货、头程物流。在商品出境以后，卖家需要负责运营推广、仓储、出单等。虽然亚马逊也在推广自己的头程物流，希望帮助卖家降低成本，但其流程烦琐，许多卖家还是会选择让货代发货。

全托管模式指的是，从头程物流开始，后续的运营推广、仓储、出单、本地配送、售后服务、回款都由平台负责。卖家只需要负责选品、生产、备货，也就是可以专心打磨商品和进行品牌建设，不需要组建专业的运营团队，省去了中间的仓储、本地配送等环节，并且节省了人力成本、时间成本和大量的沉默成本，在短时间内可以加速传统外贸数字化转型。

Temu 是最先推出全托管模式的跨境电商平台，并且这一模式在 2023 年和 2024 年年初获得了极大的成功，导致其他平台（例如 TikTok、SHEIN、速卖通、Shopee）也推出了全托管模式。全托管模式属于更轻量化的跨境贸易模式，降低了中国企业出海的门槛，让之前只懂生产、不懂运营推广的工厂能轻松地参与跨境出海。

Temu 的官网首页如图 6.4 所示。你会发现它和其他平台的一些区别。亚马逊的官网首页如图 6.5 所示。

图 6.4

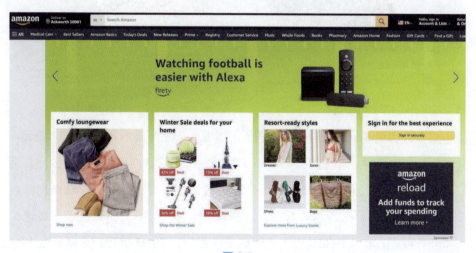

图 6.5

Temu 的官网首页显示高折扣和畅销品，而亚马逊的官网首页主要宣传自营商品和当季热销商品，或者根据买家的浏览记录，给买家推送商品。这就明显反映出两个平台的侧重点和吸引买家的方式不同。Temu 采用超低价+畅销品吸引买家，而亚马逊采用自营商品+当季热销商品，或者可以简称为以好商品为主吸引买家。这反映了两个平台的基本调性。Temu 买家对价格更敏感，亚马逊更重视商品，其买家对价格没有 Temu 买家那么敏感。图 6.6 和图 6.7 所示分别为 Temu 和亚马逊上同时热销的中国制造的商品。

图 6.6

很多人都说 Temu 上的商品价格低。当看到一条皮带的售价为 1.77 美元，并且还包邮时，你是不是有立马下单的冲动？产生这种冲动可能不是因为你需要一条皮带，而是这个低到不可思议的价格让你感觉占了便宜。这是现阶段 Temu 在"烧钱"补贴市场的行为，这种营销策略已经让 Temu 在海外迅速扩大了商业版图。然而，亚马逊上类似的商品售价为 29.99 美元，该商品是 FBA 商品。

图 6.7

Temu 上这么低的价格还包邮，下面具体看一下包邮政策细节，如图 6.8 和图 6.9 所示。

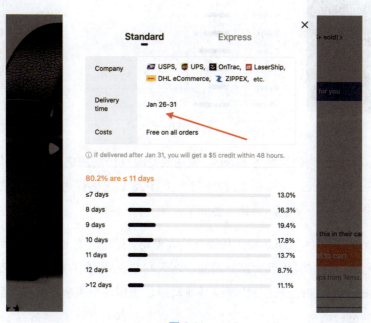

图 6.8

图 6.8 所示为 Temu 的标准配送时间。这张图是 2024 年 1 月 19 日截取的，Temu 承诺在 2024 年 1 月 31 日前送达，该商品的配送时间大部分小于等于 11 天。箭头所指的文字表示如果商品在 1 月 31 日后送达，买家将会在 48 小时内获得 5 美元的积分，这个承诺给人的感觉是做赔本买卖，这其实是在给买家下单的信心。

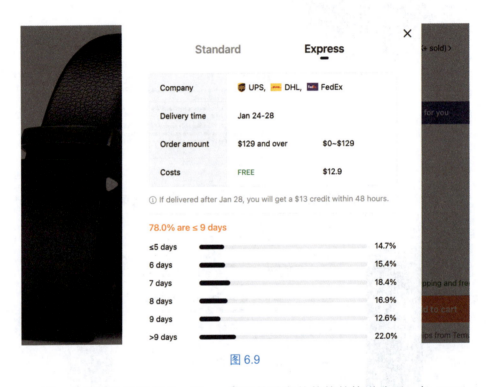

图 6.9

图 6.9 所示为快递服务。Temu 使用的是海外传统的快递公司，如 UPS、DHL、FedEx。Temu 承诺在 1 月 24 日到 1 月 28 日之间送达，该商品的配送时间大部分小于等于 9 天，并且需要满 129 美元才包邮。

在配送速度上，Temu 与亚马逊有巨大差距。亚马逊的 Prime 会员购物只需满 35 美元即可包邮，而且大部分商品在两天左右收到，有的甚至能做到当日达，这比 Temu 的快递配送还要快，这是亚马逊数十年花费重金打造自营配送团队建立起的平台壁垒，对追求极致服务的买家非常有吸引力。

Temu 目前只能做到极大的价格优势，例如比亚马逊上的相同商品便宜 80%，促使买家愿意等待 10 天左右才收到购买的商品。

上面用大量篇幅来分析 Temu 的平台调性和商品的配送时间，以及亚马逊上类似商品的售价和亚马逊的配送时间，是想说明 Temu 采用全托管模式负责跨境电商产业链中的一部分环节，把成本降低后给买家让利，进而使得全托管模式的生命力非常强。

全托管模式目前的风头正盛，我觉得平台负责跨境电商产业链中的一部分环节，然后统一利用，达到了效率最大化，在这个过程中形成了最低的成本，进而让买家看到了低到不可思议的商品价格，也可以让平台盈利。虽然 Temu 现在还处在"烧钱"抢市场的阶段，但拼多多就是这样在国内实现盈利的。

6.4　Temu的全托管模式分析

Temu 的全托管模式给人的第一印象是一个全新的平台和一种全新的卖家合作模式。入驻的第三方卖家可以被称为供应商，只需要供货给 Temu 就行。卖家的商业动作简化为选品、设计图片、与 Temu 确认供货价后发货到 Temu 的国内仓库，等待 40 天收到销售回款。

在全托管模式中，入驻的第三方卖家本质上已经不能称为"卖家"，而应该称为"供应商"。Temu 上的卖家只需要用心选品，找到在海外有需求的商品，在 Temu 的后台把商品图片、各种信息参数填好后上架商品。Temu 的后台页面非常简洁，是汉语页面，如图 6.10 所示。

在商品上架成功后，Temu 会指定专门的人与卖家核价。谈好价格之后，Temu 会让卖家备货，第一次备货的数量不会很多，一般只有 20pcs（pieces，件）左右。然后，Temu 会核实商品详情页的信息是否和商品一致。Temu 对商品质量的要求很高。只要有几个商品有问题，整批商品就可能被退回。Temu 还会对卖家收取一定的保证金，以确保卖家不做出违规行为。保证金一般是商品销售额的 10%。到此为止，Temu 卖家的工作就全部结束了，剩下的事情全部由 Temu 来完成。你没有看错，运营推广、仓储、出单、发货给终端买家，都由 Temu 完成。

图 6.10

你是不是觉得很容易操作，也想上手试一试？别急，做任何事情都没有想象中那么容易，只是运营 Temu 比运营别的平台容易起步而已。

容易起步指的是与亚马逊的前期准备来说，所需要的材料少得多。你只要看过《亚马逊跨境电商运营从入门到精通》中的亚马逊账号的注册流程，就会明显感受到注册亚马逊账号就是一个技术活，一不小心就会导致注册失败，浪费了注册资料，以至于以前有专门帮助卖家注册亚马逊账号的业务。

在 Temu 上注册店铺很容易，上架商品也很容易，但供货价不是完全由卖家说了算的，定价权在 Temu 手里而不在卖家手里。

其实这是一种市场妥协的结果，Temu 拥有大量买家数据，与销售没有稀缺性的商品的卖家谈供货价,最终谁会得到想要的谈判结果? Temu 的核价非常专业,会从以下 3 个方面考查商品。

第一,综合对比全网各个平台同款或类似款商品的供货价,如阿里巴巴国内站、阿里巴巴国际站、淘宝等。

第二,分析商品的成分明细表。

第三,参考 Temu 上其他同款商品的供货价。谁的价格低,Temu 一般就采购谁的货。这时,卖家也可以选择降价来供货。

与其抱怨 Temu 不断压价,还不如想一想怎么把商品的稀缺性做出来,物以稀为贵,稀缺的商品的利润自然就高。

考虑到 Temu 背靠中国这个制造业强国,Temu 上的大部分商品的供货价是全世界最低供货价。拿到极低的价格后,Temu 依靠商品使用权,就有足够的底气去谈头程物流价格。

现在亚马逊上的卖家都是一个个独立的公司,大公司一次性发几个货柜的货物可以得到很低的海运价格,而小卖家一次就发几十千克的货物,发海运没有太多的价格优势。

Temu 以平台方的身份与船运公司谈判,每天有上百万件商品要海运,海运价格就非常便宜了。虽然船运公司会觉得价格低,但是发货量足够大,而且每天都有货物,你说最后船运公司是接还是不接? 这样一对比,头程物流成本是不是降低了? Temu 上的零售价也有了降低的空间。

Temu 上的商品主要以轻小件为主,其特点是售价低、体积小、重量轻,这在头程物流和尾程物流上可以进一步节省配送费,即 Temu 鼓励买家一次多买几件商品,在满足一定的包邮金额后一起配送。这样,海外终端配送成本会降低,这也会给 Temu 上的零售价提供降低的空间。

在亚马逊上即使买家一次买 10 件相同的商品，亚马逊也会按照单次配送费乘以 10 计算配送费。为此，我特意询问了亚马逊客服，对方的回复是海外的人工成本高。

亚马逊的计算方法本身没有错，非常符合实际情况，但在尾程物流成本方面，单件商品的配送费就会高于 Temu 的配送费。我觉得这是亚马逊可以优化的一个地方。

Temu 针对韩国站和美国站率先开通了海运，无论是重货还是抛货都可以使用海运，只要商品的总重量控制在 100 千克以内、单边最长边长在 2 米以内就可以。海运适合运输沙发、办公桌和办公椅等采购价一般很高的大件商品。销售这些商品的初期启动成本很高。为了快速、轻松地起步，卖家可以从销售轻小件商品开始往销售大件商品过渡。

一方面，在采购、头程物流、尾程物流方面的成本最低化，让 Temu 上的商品有了足够的降价空间。

另一方面，Temu 负责海外市场的运营推广、广告投放、海外仓仓储整合、语言翻译、售后服务等这些原本由跨境电商卖家负责的环节，不仅给 Temu 上的卖家降低了运营成本，还提高了海外广告的投放效率。现在很多卖家常年花在海外营销渠道上的费用都非常惊人。

6.5　Temu的半托管模式分析

当很多卖家还没有看懂全托管模式时，Temu 的半托管模式已经推出了。Temu 的半托管模式虽然与全托管模式只有一字之差，但是在最关键的配送环节，半托管模式和全托管模式差异巨大。

很多人对新鲜事物看不见、看不懂。很多还没有进入跨境电商圈的新卖家处于"看不见"的阶段，也有部分跨境电商从业者处于"看不懂"的阶段。

有的卖家说："我现在做亚马逊运营，看到其他平台已经推出了全托管模式和半托管模式。如果以后亚马逊也推出这两个模式，我就彻底成了新时代的'互联网流水线工人'。"有这种想法的卖家，其实处于"看不懂"的阶段。

无论是全托管模式，还是半托管模式，定价权都在 Temu 手里。Temu 依托大数据定价，会比其他电商平台更有竞争力。

使用半托管模式的卖家，负责出单后的本地配送。Temu 推出半托管模式的主要目的是吸引使用海外仓且本地配送能力优秀的卖家，尤其利好亚马逊卖家，毕竟 FBA 商品总有滞销的时候，把 Temu 作为海外清货渠道还是不错的。

半托管模式对 Temu 有以下两点好处：

1. 缩短商品的本地配送时间

本地配送时间缩短为 7 天左右。

2. 增加Temu的商品覆盖度

海外仓有很多大件商品，这是 Temu 稀缺的。

半托管模式的物流更灵活，这是半托管模式和全托管模式的本质区别。

半托管模式更适合有成熟跨境电商运营经验的卖家，而且最适合销售超过 80 美元的高客单价商品或者体积和重量较大的中大件商品的卖家。

如果你是资深的亚马逊卖家，那么应该知道对于体积和重量较大的中大件商品来说，FBA 的配送费比第三方海外仓的配送费高，并且亚马逊还会收每件商品售价 15%的佣金。这些商品适合使用 Temu 的半托管模式进行销售，Temu

对半托管商品不收取任何佣金。

了解不同平台的优缺点，结合自身的商品特色，开拓跨境出海新平台，是现阶段跨境电商对卖家的基本要求。

半托管是卖家和平台分工合作的一种模式。使用半托管模式的卖家除了注册店铺、上架商品、维护商品的日常库存，还需要处理买家下单后的配送，特别是对于本身就销售中大件商品的卖家来说，本地配送是一件平常就需要做的工作。对于在海外仓有货且有本地配送能力的卖家来说，Temu 提供了一个流量蓝海市场。

在 Temu 和亚马逊上分别搜索"tire pump for car"（汽车轮胎充气泵），结果如图 6.11 和图 6.12 所示。

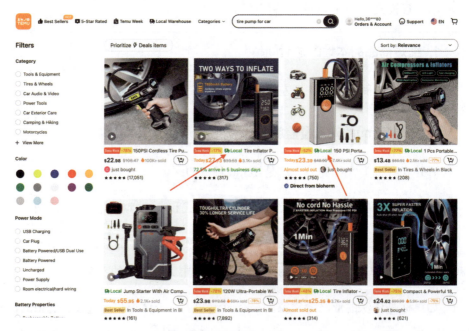

图 6.11

图 6.12

你对 Temu 上的价格是不是有点意外？Temu 之前给人的印象是 1～3 美元包邮，10 美元以上的商品不多，但是大多数汽车轮胎充气泵的售价为 20 美元左右。随着商品种类越来越丰富，各个价格段的商品都会出现在 Temu 上。

图 6.11 中箭头所指的 Local，指的是能在本地配送，其配送时间平均为 5 天。这与 FBA 商品的 1～2 天送达虽然有差距，但差距在缩小，再加上如果商品的价格只是亚马逊上的 1/3，那么我相信很多买家会选择在 Temu 上下单。

与 Temu 上汽车轮胎充气泵的价格相比，亚马逊上汽车轮胎充气泵的价格普遍为 50 美元以上。

在图 6.11 所示的搜索结果中，左上角的手持式汽车轮胎充气泵是一个创新的商品，其商品详情页如图 6.13 所示。

这个商品在亚马逊上没有价格接近的同款商品。在我的印象里，在亚马逊上，无论是商品丰富度还是商品竞争激励程度，都是很高的，但 Temu 上出现了亚马逊上没有的爆款。这说明，Temu 用半托管模式成功地吸引了既有研发能力，又有本地配送能力的优秀卖家。

这个商品在 Temu 上的销售额走势如图 6.14 所示。

图 6.13

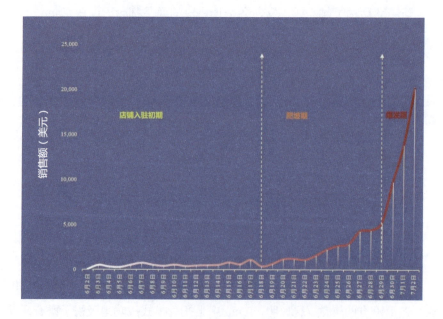

图 6.14

该商品在 6 月 2 日上架，不到一个月，销售额就爆发式增加。老卖家都知道，亚马逊上的新品短则需要推广 3 个月，长则需要推广一年，到第二年才能盈利。销售额不到一个月就能这样增加，说明 Temu 的半托管模式给卖家提供了极大的市场空间和初期红利。

不过，需要说明的是，在不到一个月销售额就爆发式增加，对卖家的备货有很高的要求。从中国海运到美国最少需要 20 天，这就要求卖家对这个商品的备货数量，以及用海运、空运补货有一定的实战经验。很显然，Temu 的半托管模式虽然能提供海外市场机遇，但是要求卖家具备丰富的跨境发货经验，否则即使爆单了，也会损失销售额。

6.6　Temu适合什么卖家

6.4 节分析了全托管模式的优缺点，从跨境电商新卖家入场的角度看，什么卖家才能给 Temu 提供如此低的价格呢？

1. 清货的卖家

现在还有许多人认为 Temu 就是清货平台，这是因为很多有滞销商品的卖家和产能过剩的工厂，用这个平台进行清货。

当决定对一个商品清货时，你大概率不会想赚钱，那么供货价就会很低，甚至低于成本价，亏本清货。与其让商品砸在手里无法形成流动资金，还不如亏一点儿成本，把商品变现，把资金用到能赚钱的地方。

现在国内的产能过剩，加上这两年全球经济疲软，很多工厂都有大量滞销商品，正想着怎么迅速处理，之前利用拼多多清货，现在有了 Temu 出海渠道。很多工厂想出海，但是没有运营人才，不熟悉海外市场。这支撑了 Temu 未来几年高歌猛进地开拓海外市场。

亚马逊这几年进入了平稳的增长期。很多使用 FBA 的卖家，每年或多或少都有在海外滞销的商品要处理。我身边的很多亚马逊卖家把 30% 的时间和资金花在 Temu 上。他们刚开始的目的就是希望快速处理滞销商品，回笼资金，毕竟 FBA 仓库的仓储费很高。一些亚马逊老卖家对全托管模式好奇，通过清理滞销的商品熟悉这个新模式，这算物超所值。

2. 源头工厂

有的源头工厂，特别是生产轻小件商品的源头工厂，在行业深耕了几十年，之前依靠中国加入世界贸易组织的红利，赚到了第一桶金，现在遇到了跨境电商的时代变革。Temu 的全托管模式可以让它们完成出海贸易。它们可以提供性价比高的商品，在 Temu 的强大海外营销能力加持下，每天可以获得几千笔订单，也能接受较低的利润率。很多这样的源头工厂都没有布局跨境电商，都想尝试出海。Temu 和源头工厂的互补让双方都有巨大的发展与想象空间。

3. 有强大原创能力的贸易商

能在 Temu 上做好的卖家，一定会用心研究 Temu 需要什么商品，然后设计出在全网都没有同款的新品。这个新品在阿里巴巴等国内任何批发平台上都找不到，让 Temu 买手无法对比价格。这样，卖家就可以给 Temu 有足够利润的供货价。这更适合第三方贸易商，因为灵活且大量的选品只能由有电商基因、选品能力，甚至研发能力的贸易商做。源头工厂受限于自己生产的商品，例如做手机壳的工厂不可能生产宠物用品，但源头工厂的优势是可以把自己生产的商品的成本和性价比做到全网无对手，并且在熟悉的类目中做深度的商品创新，这样也可以在 Temu 上赚到大钱。

6.7　Temu账号的注册步骤

人们都说 Temu 账号的注册流程非常简单，符合中国人的操作习惯，但我还是有必要把整个流程以图文并茂的形式介绍一下，把入驻 Temu 过程中常见的问题列出来，毕竟读者买书一方面想学知识，另一方面想节省上网找资料的时间。

打开拼多多跨境卖家中心官网，如图 6.15 所示。

图 6.15

有些卖家在看到这个页面时可能有疑问，不是要注册 Temu 账号吗？页面中怎么没有 Temu 字样？因为 Temu 是拼多多旗下的跨境电商平台，要通过拼多多跨境卖家中心注册 Temu 账号。

根据页面提示，填写国内手机号，设置一个密码，在填写手机验证码后，单击"注册"按钮，会打开如图 6.16 所示的页面。

图 6.16

然后，选择主体类型，可以用个人、个体工商户、企业 3 种身份入驻 Temu。有些卖家会有疑问，用个人身份注册是最简单的，用企业身份注册麻烦一些，是不是都可以用个人身份注册？我觉得做事情要有长远规划，如果你打算好好经营 Temu 账号，就用企业身份注册，因为在跨境电商这门生意的后期会涉及很多政策合规问题，企业更便于做合规工作。如果你只是想随便测试一下 Temu 账号怎么用，那么可以用个人身份注册一个账号试一试，先熟悉流程也挺好。

选择一个主体类型后，单击"下一步"按钮，会打开如图 6.17 所示的页面。

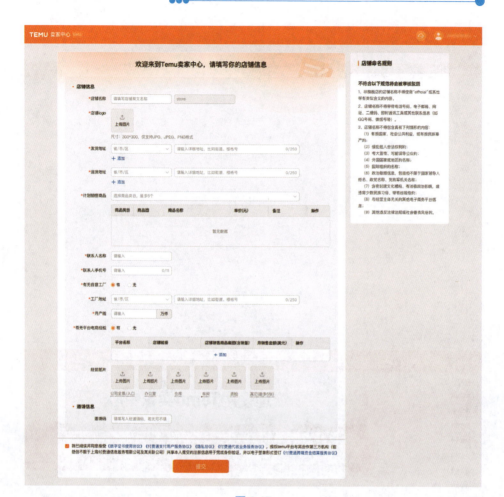

图 6.17

　　填写店铺名称，上传店铺 logo，按照要求填写其他相关资料，先初步上传一个自己要销售的商品，然后单击"提交"按钮，会出现如图 6.18 所示的页面。

　　一般会在 3～7 个工作日审核完成，审核结果会以短信形式通知你。

　　在审核通过后，用之前的手机号和密码登录，就可以进入 Temu 卖家中心，如图 6.19 所示。

图 6.18

图 6.19

　　图 6.19 所示为正常的 Temu 卖家中心后台,左侧的导航栏是卖家操作板块。在注册完店铺后,建议点击每一个板块的选项,认真阅读相关的新手必看内容。

Temu 卖家中心后台右上方的大篇幅板块是 Temu 最近的政策宣传栏，因为写本书时快到中国农历新年了，Temu 在鼓励卖家春节不打烊，并且给予流量和库存支持。

在农历新年全中国都放假，工厂放假的时间更长，可能长达一个月，甚至40 天，但欧美国家在此期间正常上班。这对于做跨境电商的 Temu 卖家来说，如果有充足的库存，那么在中国农历新年期间每天也有销量，有钱赚。你在新年第一天，除了感受到新年新气象，还可以看到 Temu App 上爆单的消息，是不是心里美滋滋呢？这也是很多卖家喜欢做跨境电商的一个原因。

不得不说的一点是，Temu 更懂中国卖家，知道通过倾斜的政策可以鼓励中国卖家春节备货，而亚马逊多年来在春节期间对中国卖家并没有单独的优惠政策，需要中国卖家自己根据全球不同国家的假期调整工作时间。当然，亚马逊对所有卖家一视同仁，非常公平，也值得尊敬。

6.8　Temu的发展前景

Temu 在海外高歌猛进，特别是在美国市场火爆。Temu 上有些商品的价格只有亚马逊上的一半，甚至 1/3。Temu App 上线短短一年多，在全球 48 个国家的下载量超过 2 亿次。2023 年年底，Temu 交出的市场财报促使拼多多成为美股市值最大的中概股，其市值一度超过阿里巴巴。

Temu 的全托管模式是大家讨论的焦点，跨境电商也因此再次成为创业风口。

许多卖家对 Temu 感兴趣，毕竟在国内用拼多多的人越来越多。我也在各大自媒体平台上提醒卖家一定要多做新的尝试。谁也不知道 Temu 未来能发展成什么样。Temu 目前正在全力拓展全球市场，其全托管模式引发其他跨境电商平台纷纷效仿。这在现阶段是好的开始，Temu 非常值得卖家入驻。

Temu 从美国开始拓展站点，现在已经覆盖欧美、日本、东南亚等传统和新兴的跨境电商市场。图 6.20 所示为 Temu 美国站的页面，大多数卖家最开始接触的也是美国站。Temu 美国站首页的动态促销做得非常好，在冬天会放有冬季气氛的宣传图片，在圣诞节会放有圣诞节气氛的宣传图片，在夏天会放海边场景的宣传图片。

图 6.20 中箭头所指的是站点选择，Temu 已经开通了几十个站点，这比外界宣传的要多得多，如图 6.21 所示。

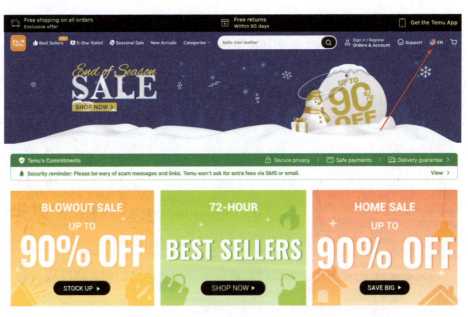

图 6.20

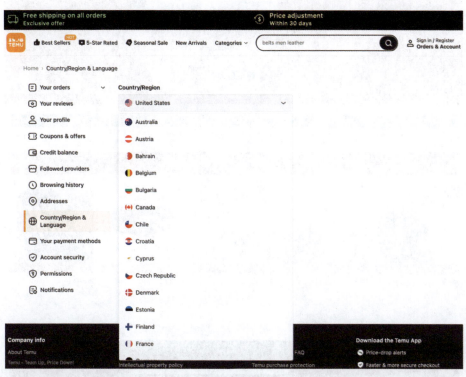

图 6.21

Temu 开通了我们熟悉的美国站、加拿大站、澳大利亚站，以及欧洲的英国站、德国站、法国站、意大利站、西班牙站，也开通了日本站、韩国站和墨西哥站。美国站的覆盖面最大，卖家数量最多。

Temu 美国站参考亚马逊北美站的热销商品，利用强大的国内供应链优势，以能给到的最低价格去获取订单，迅速开拓美国电商市场。

亚马逊卖家习惯从欧美站开始做，也会做日本站，可是亚马逊还没有开通韩国站。Temu 的日本站和韩国站的页面分别如图 6.22 和图 6.23 所示。

图 6.22

图 6.23

卖家可以自由切换对应站点的语言，Temu 对日本站、韩国站的补贴力度不大，但是与日本、韩国本地电商平台相比，Temu 上的很多商品的价格依然是最低的。

Temu 目前针对韩国买家实行免运费，选择与韩国本地的第三方物流公司合作，发货由韩进、韩国邮政、CJ 集团这 3 家物流公司负责，最快 5 天能够送达。

Temu 也在全力开拓欧洲市场。图 6.24 至图 6.27 所示分别为德国站、法国站、意大利站、西班牙站的页面。

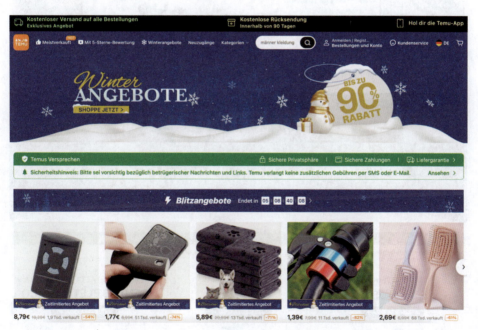

图 6.24

图 6.25

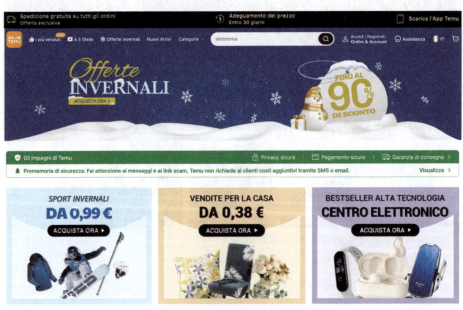

图 6.26

图 6.27

也许你对 Temu 的印象是订单多、利润低。Temu 目前和亚马逊确实没法相提并论，其市场份额不高，但 Temu 的日活跃用户量已经和速卖通持平，其卖家数量仅仅是速卖通的 1/10。对于卖家来说，Temu 是一个非常有潜力、有活力的平台。

Temu 的东南亚站和南美站也在迅猛扩张，马来西亚站和巴西站的页面分别如图 6.28 和图 6.29 所示。

Temu 还开通了很多你也许没听过的国家和地区的站点，例如格鲁吉亚站、毛里求斯站与马耳他站。

在全球有价值的地方，你几乎都能看到 Temu 的身影。因为 Temu 目前还处于全速扩张阶段，关注的是市场影响力和市场份额，所以补贴力度很大。几乎所有人都希望用最低价格买到想要的商品，这是不分地区的。全托管模式很好，把卖家的订单集中起来处理，效率很高，但你只有在尝试后才能知道能不能做好 Temu 卖家。对全托管模式的深入介绍请看 6.4 节。

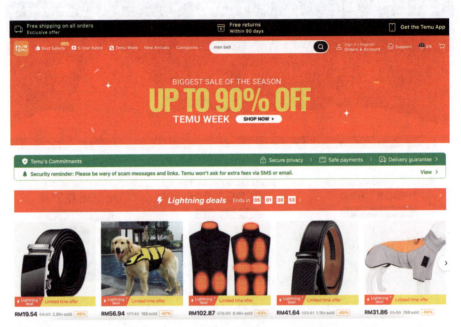

图 6.28

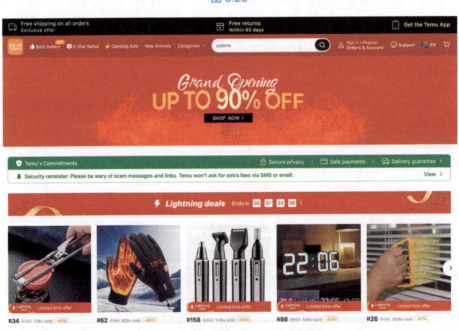

图 6.29

6.9　Temu卖家的状况分析

你一定想知道 Temu 卖家的状况。如果他们普遍都赚钱，那么你肯定会毫不犹豫地加入。如果只有极少数卖家赚钱，那么你可能会放弃成为 Temu 卖家的想法。

本着对读者负责任的态度，我并不会给出一个确定性的结论，因为每个卖家的竞争力都是不同的，拥有的资源和商品特性也都是不同的。我把 Temu 的"游戏规则"告诉你，你可以自行判断入场时机。

Temu 对商品供货价的要求是低于阿里巴巴上的同款价格，这就让中间商和无货源的卖家没法直接入场。对于平台方来说，这样的规则间接提高了卖家质量。低价对于卖家来说不是一件好事，但绝对是利好买家的，前提是只要 Temu 能把控好商品质量。

在这样的规则下，源头工厂非常愿意尝试打开海外市场销路，只要利润比现在做的传统外贸，或者投资的亚马逊店铺高一点儿，就多了一个销售渠道。

据一个做墙贴的工厂老板介绍，他在入驻 Temu 后，商品的利润率居然高达 50%。他也运营亚马逊、eBay 和沃尔玛店铺，需要支出美工、客服、物流等费用，虽然在这些平台上商品的售价比在 Temu 上商品的售价高好几倍，但最终利润没有 Temu 的高。

这里得出第一个结论：Temu 是不是值得入驻，取决于你和谁比较。

有的卖家与亚马逊比较，觉得售价差异这么大，没有深入核算每一项的成本，就武断地认为 Temu 的利润低，这是典型的外行看热闹的做法。

Temu 有公开的价格规则：当多个卖家给同一个商品报价时，Temu 会选择价格最低的卖家。

我接触的多个 Temu 卖家也是这么反馈的，Temu 会选择价格最低的卖家，然后进行严格的质检。假设一批货有 100 个，哪怕只有两个有问题，整批货就都会被退回，运费由卖家自己承担。

你是不是觉得 Temu 对卖家很苛刻？不过，从这些细节来看，我看到的是 Temu 的质检比亚马逊严格得多。亚马逊类似于一个开放市场，商品只要不是危险品，也属于无须认证的类目，就可以上架销售。卖家发货到 FBA 仓库后，亚马逊工作人员并不会检测商品质量，只会通过商品销售后的退货数据和差评来判断这个商品能否继续销售。我看到亚马逊上有些宠物玩具的商品评分即使低于 4 星，该商品也在正常销售，而 Temu 上的商品评分如果低于 4.2 星，该商品就有被下架的风险。

这里得出第二个结论：Temu 上的商品价格确实很便宜，但是商品质量并不差。

Temu 对商品动销也有要求，14 天内没有动销或者 30 天内销量低于 30 个、销售额低于 90 美元的商品，会被定义为平台的滞销品。Temu 会提醒卖家降价或停止供货。

滞销是 Temu 和卖家都不愿意看到的现象。Temu 用提醒这种简单粗暴的方式，让卖家尽快处理滞销品。你是不是觉得 Temu 有点不友好？与亚马逊相比，你就会觉得 Temu 给出的是善意的提醒。

亚马逊有行业护城河之称的 FBA 仓库，提高了买家的购物配送体验，但因此产生了高昂的租金和人工成本。当大量的亚马逊卖家发货到 FBA 仓库时，滞销品会让亚马逊赢利。亚马逊在收取月度仓储费的同时，对存放超过 6 个月的商品收取超龄库存附加费，对库存过少的商品还会收取低库存水平费。如果卖家要扔掉商品，亚马逊还会对商品收取移仓费。这对于平台方来说属于正常的收费，在第三方海外仓的收费项目里，也有类似的费用，甚至比亚马逊收取得还高。这是亚马逊卖家面临的海外仓储成本，这些成本倒逼卖家主动给商品降价，想办法迅速把商品卖掉，以避免被收取太多费用。

这两种不同的对待滞销品的方式，折射出平台的不同经营理念。亚马逊以完全市场化的方式，以良币驱除劣币来减少滞销品，主动方是卖家，而 Temu 以人工的方式对待滞销品，如果卖家不降价，Temu 就不给卖家流量，之前卖家每天可以获得 3 笔订单，以后可能就会没有订单。

这里得出第三个结论：Temu 处理问题的方式在 Temu 卖家看来可能没有人情味，但是在其他平台卖家看来，或许成本更低。

Temu 在前期上架大量 SKU，在推广这些 SKU 得到热销款数据后，就可以用这些数据让供货的卖家降价。这对于平台来说是天经地义的。对于 Temu 卖家，特别是没有接触过跨境电商的工厂卖家来说，Temu 把他们最不擅长的海外推广运营、仓储、物流、售后服务都给做了。他们只需要提供商品就够了，这相当于把专业的事情交给专业的人做，这类工厂只要做出有极致性价比的商品，在 Temu 上就能赚到钱。

反观有电商运营经验的外贸卖家，在 Temu 上反而做得不顺利，因为他们的优势是选品，在短期内可以选出 Temu 上需要的商品，但这些商品的销量只要增加了，Temu 就可能选择价格更低的卖家。最开始销售这个商品的外贸卖家可能无法提供更低的价格。如果说亚马逊依靠完全自由的市场来淘汰不合适的卖家，Temu 就是利用人工选择的方式，更简单粗暴地淘汰不合适的卖家。

这里得出第四个结论：平台只能对适合自己的卖家负责，卖家只能适应平台的规则。

第 7 章

7

跨境电商黑马平台
SHEIN 的过去和现在

7.1 SHEIN是一个什么样的跨境电商平台

很多人都没有听说过 SHEIN，以为它是近两年才出现的平台，其实它已经在跨境电商圈耕耘十几年了，厚积薄发，是中国最神秘的市值达到百亿美元的公司。SHEIN 的汉语名是希音，它是一家定位于女性快时尚的跨境电商 B2C 公司，在 2008 年就成立了，在 2009 年做婚纱生意，从 2012 年开始做跨境电商业务，涉及欧美、东南亚、中东等市场。

一直到 2022 年，SHEIN 才在跨境电商圈被部分卖家熟知，其 App 下载量在苹果和安卓手机应用下载排行榜中一直处于前三。SHEIN 是全球知名度最高的中国跨境快时尚平台，并且在全球新冠病毒感染疫情严重的 2020 年不但没有受影响，反而逆势增长，当年营收达到 100 亿美元。从 2012 年做跨境电商业务开始，SHEIN 的营收已经连续 8 年实现高速增长，但该公司很低调。SHEIN 的口号是"致力于人人尽享时尚之美"。

SHEIN 给人的第一印象是商品款式多、价格便宜。新用户注册后享有高达 70% 的购物折扣，这是平台补贴新用户，希望新用户形成购物习惯，后续能够在 SHEIN 上持续产生消费行为。SHEIN 的官网如图 7.1 所示。

图 7.1

SHEIN 的商品从通用女装、大码女装、童装、男装四大类向全品类发展。第一批入驻 SHEIN 的就有跨境电商知名品牌——Anker，如图 7.2 所示。

Anker 是首批入驻亚马逊的大卖家之一，这对 SHEIN 完善和丰富平台类目有着重要的示范意义，让买家觉得 SHEIN 不仅有款式丰富、价格便宜的服装，还有具有品牌效应的高质量的电子商品。

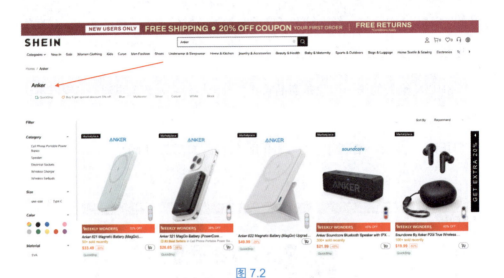

图 7.2

亚马逊上成熟的大卖家，也是 SHEIN 重点邀约的对象。亚马逊上销量排名第一的超级大卖家 Juvale 也入驻了 SHEIN。图 7.3 所示为 Juvale 入驻 SHEIN 后的商品。图 7.4 所示为在亚马逊上搜索 Juvale 的结果。

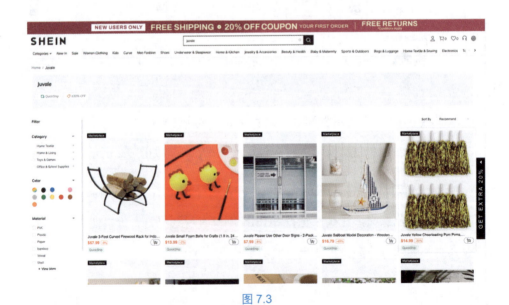

图 7.3

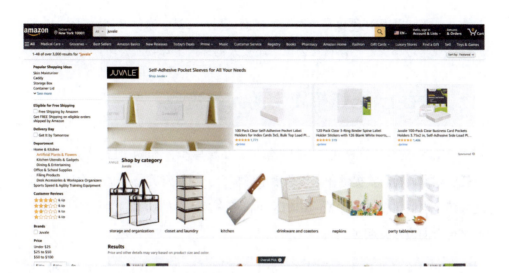

图 7.4

Juvale 的销量之所以足够大，是因为它既采用铺货的方式，又做出了精品。Juvale 的商品种类极其丰富，几乎涉及日常生活的方方面面，Listing 数量非常多，但每个 Listing 都不是批量铺货的，而是精细化运营的结果。

SHEIN 希望通过引进与服装差异大的刚需商品，让商品种类更丰富，吸引更多买家来 SHEIN 消费。Juvale 销售的商品大多是生活必需品，并且以小件商品居多，这非常符合 SHEIN 的战略发展定位。

SHEIN 在 2023 年 5 月也推出了全托管模式，或许是因为受 Temu 高调扩张的影响，也或许是因为早就希望利用多年海外运营经验，通过全托管模式扩大品类，并且保持低价和多款式的优势。SHEIN 卖家只需要给 SHEIN 供货。在 SHEIN 的专业核价人员成功核价后，卖家就可以把货发给 SHEIN，后续的运营推广、本地配送、售后服务等都由 SHEIN 负责。SHEIN 全托管的优势是流量大、信誉好、结款准时。

我认为，SHEIN 不仅是一家跨境电商公司，还是一家供应链管理公司。这就好比亚马逊不仅是一家科技公司，还被人们称为全球物流公司。

7.2　SHEIN全托管卖家的入驻流程

SHEIN 的全托管模式推出得非常早。在我写本书之前，要想成为 SHEIN 全托管卖家，就需要提供在其他跨境电商平台上 200 万美元/年的流水证明，但随着跨境电商平台竞争加剧，SHEIN 不再要求想入驻的卖家提供在其他跨境电商平台上的流水证明了。

SHEIN 全托管模式非常简单，卖家负责选品供货，SHEIN 负责运营推广，商品售价由 SHEIN 和卖家进行协商。在确定了售价后，卖家就可以把商品发到 SHEIN 的国内仓库，SHEIN 负责后续的一切操作，包括配送到终端买家手里、处理售后问题。

SHEIN 全托管模式没有品类限制，0 费用入驻，支持包装的最长边为 55 厘米、重量在 2 千克以内的商品。

下面介绍 SHEIN 全托管卖家的入驻流程。

打开招商经理给的 SHEIN 全托管卖家的注册链接，会出现如图 7.5 所示的页面。

在"商家名称"文本框中填写你的营业执照上的公司名。需要强调的是，必须填写企业法人营业执照的名称，不能填写个体工商户营业执照的字号名称。然后，选择一个你的主营品类，填写手机号获取验证码，在填写验证码后，点击"确认"按钮，然后会出现如图 7.6 所示的页面。SHEIN 会把初始的账号和密码以短信的形式发到你的手机上。

SHEIN

请先注册，再填写入驻资料

入驻流程：注册账号——填写入驻资料——提交合作申请
详情请查看：商家入驻SHEIN操作指引

* 商家名称

深圳某某有限公司

* 主营品类

厨房用品

* 手机

+86　　　　　　18 9

* 验证码

471895　　　　　　　　　　　　38s后重新获取

确认

已有账号? 直接登录

☑ 已阅读并同意《卖家个人信息保护政策》

图 7.5

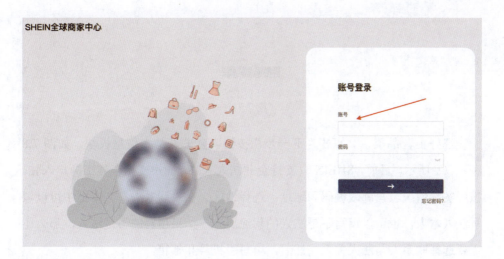

图 7.6

填写账号和密码后，点击"→"按钮，就正式进入了 SHEIN 全托管模式的卖家中心，如图 7.7 所示。

SHEIN 全托管卖家注册分为 5 个板块：合作意向、基本信息、经营信息、财务信息、店铺信息。

在合作意向板块中，选择你的主营品类，如图 7.7 所示。在注册阶段，SHEIN 不接受同时选择多个品类。在经营过程中，如果要新增品类，那么再向 SHEIN 申请增加品类。

图 7.7

选好主营品类后，点击"下一步"按钮，会进入基本信息板块，如图 7.8 和图 7.9 所示。目前，SHEIN 只支持企业法人入驻，而不支持个体工商户入驻。按照实际情况填写邮政编码和地址，选择地区。在"联系人"文本框中可以填写法人本人，也可以填写不是法人的代注册人。如果填写的不是法人，那么还需要选择联系人与法人关系。然后，填写手机号和邮箱。

点击"下一步"按钮进入经营信息板块，如图 7.10 所示。在经营信息板块中，需要选择地区，填写营业执照地址，还要上传营业执照的照片。

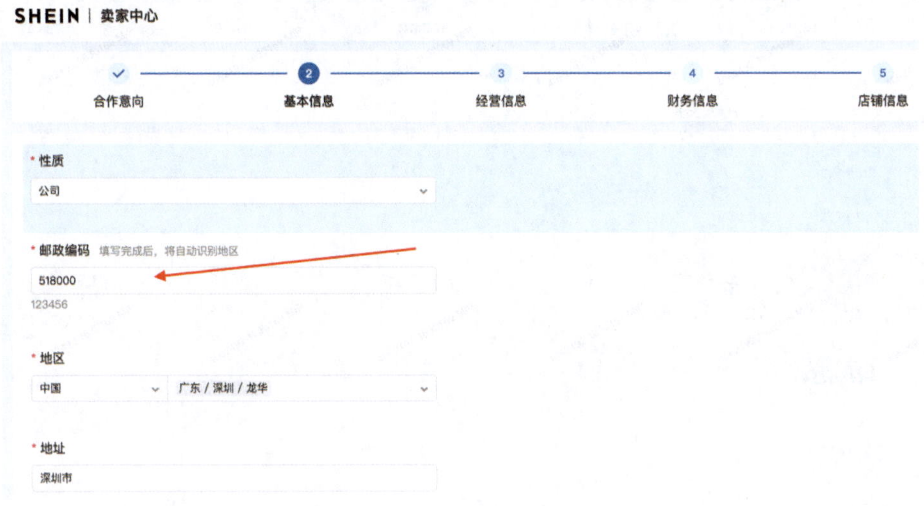

图 7.8

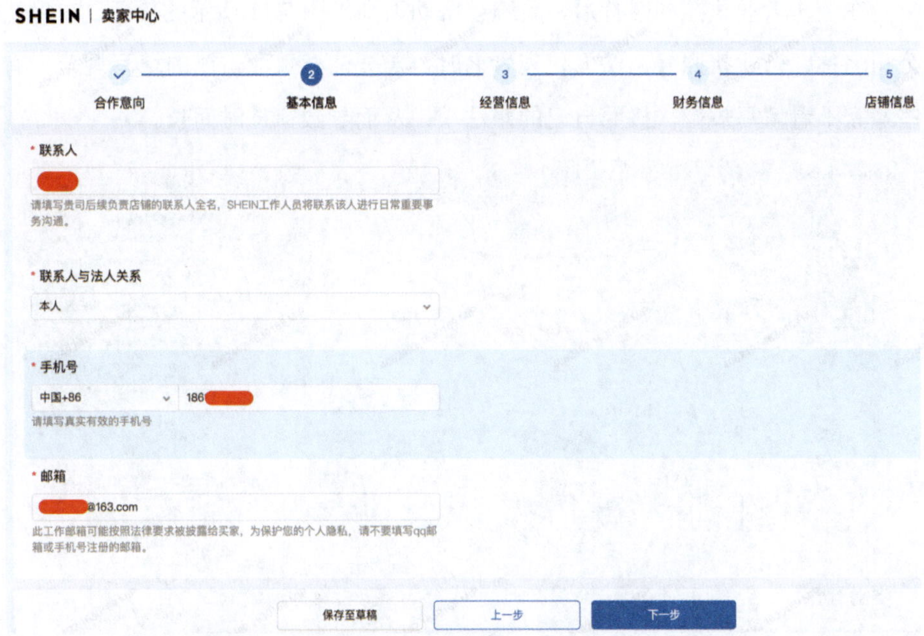

图 7.9

图 7.10

在上传营业执照的照片后，系统会自动识别出图 7.11 所示的信息。在确认公司名称、营业执照号、法人代表姓名时，需要注意页面右侧的填写规范。有些卖家不看填写规范，按照自己的想法填，从而导致审核时间长。

图 7.11

在填写营业执照信息后，下拉页面填写法人证件信息，上传公司实际的经营图片，如图 7.12 和图 7.13 所示。你一定要上传高清的身份证照片和真实的无 PS 痕迹的公司内部办公照片，如仓库、办公室、样板间、车间等的照片，拍得越真实，审核的成功率越高。

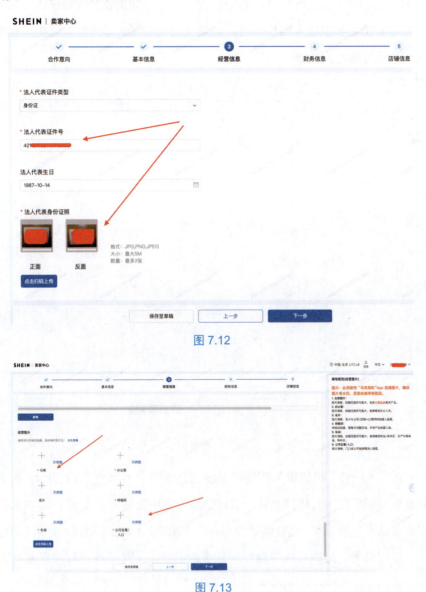

图 7.12

图 7.13

在经营信息板块中需要提供的资料比较多，务必在提供准确的资料后，再点击"下一步"按钮进入财务信息板块，如图 7.14 和图 7.15 所示。目前，SHEIN 全托管模式的账号性质分为对公账号和非对公账号，这给了卖家自由选择的空间。你一定不能填错银行信息，否则修改很麻烦。如果收款人是法人，那么提供法人的身份证和银行卡照片即可；如果收款人与法人不一致，就需要根据与法人的关系提供不同的证明文件。[①]

图 7.14

点击"下一步"按钮进入店铺信息板块，如图 7.16 和图 7.17 所示。在店铺信息板块中，需要填写店铺名称、店铺描述，上传店铺 Logo，选择店铺名称及销售商品是否包含品牌信息，然后填写你在 SHEIN 上的品牌名称、品牌持有方、品牌商标注册号、品牌商标有效期至什么时间等，上传品牌商标注册证。

---

① 本书图中账户就是账号。正文中统一使用账号。

最后，点击"提交合作申请"按钮，等待官方审核。

图 7.15

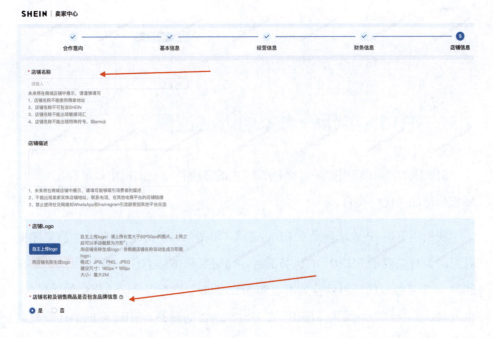

图 7.16

图 7.17

7.3　SHEIN半托管卖家的入驻流程

SHEIN 的半托管模式是对全托管模式很好的补充。SHEIN 靠自营起家，以服装和饰品为优势类目。

我们用英国 IP 地址登录 SHEIN 官网，如图 7.18 所示。图 7.18 中圆形图案对应的类目主要是 SHEIN 的优势类目，即服装和饰品类目。因为图 7.18 是在 2024 年 7 月截取的，所以首页用"Summer Sale"进行促销，横幅中的手提包、电风扇、驱蚊灯等商品为 SHEIN 在当时想主推的商品。SHEIN 的半托管招商在当时希望吸引销售这些商品的卖家入驻。

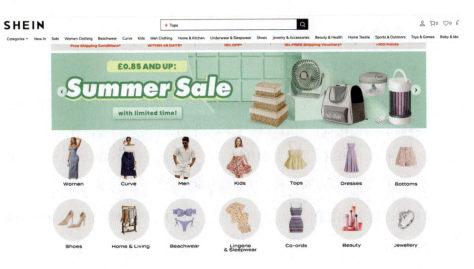

图 7.18

目前，SHEIN 在半托管招商中，一般不接受服装和饰品这两个优势类目的卖家，并且对商品重量有硬性要求，不能低于 400 克。这就从重量上，对半托管卖家销售的商品进行了明显的区分。

半托管模式要求卖家提前备货到目的地国的海外仓，在有了订单后，直接从海外仓发货。

要想成为 SHEIN 半托管卖家，就需要提交以下资料：

（1）营业执照（目前 SHEIN 只接受企业法人入驻，不接受个体工商户入驻）。

（2）品牌商标注册证或者商标授权书（这比其他平台的要求高，在海外必须申请了商标）。

（3）海外仓的库存证明（SHEIN 希望与卖家建立稳定且长久的合作关系，希望在海外仓有库存的卖家入驻，这是对卖家的筛选）。

（4）法人身份证的正反面照片。

（5）店铺的 Logo。

（6）海外收款账号。

值得一提的是，SHEIN 没有要求必须提供在其他跨境电商平台上的流水证明，这降低了卖家的入驻门槛，但在实际操作的过程中，具有海外仓发货经验的卖家，一般都用 FBA。因此，SHEIN 的半托管模式也可以理解为 SHEIN 在抢夺亚马逊的优质卖家，特别是有丰富海外仓发货经验的卖家。

半托管既然是 SHEIN 大力招商的方向，SHEIN 就自然会给入驻的卖家很多政策支持：

（1）0 入驻费、0 月租、0 佣金。

（2）无须广告投放费用，享受专属的流量扶持政策。

（3）丰富的活动提报资源。

（4）一对一运营辅导。

你是不是有立刻入驻的冲动？

下面介绍 SHEIN 半托管卖家的入驻流程。

打开招商经理给的 SHEIN 半托管卖家的注册链接，会出现如图 7.19 所示的页面。

在"商家名称"文本框中填写你的营业执照上的公司名。需要强调的是，必须填写企业法人营业执照的名称，不能填写个体工商户营业执照的字号名称。然后，选择一个你的主营品类，填写手机号获取验证码，在填写验证码后，点击"确认"按钮，然后会出现如图 7.20 所示的页面。SHEIN 会把初始的账号和密码以短信的形式发到你的手机上。

SHEIN

中文 ⌄

请先注册，再填写入驻资料

入驻流程：注册账号——填写入驻资料——提交合作申请
详情请查看：商家入驻SHEIN操作指引

* 商家名称

深圳█████限公司

* 主营品类

宠物用品 PET SUPPLIES

不能为空

* 手机

+86 ⌄　　18█████69

邮箱

请输入

* 验证码

请输入验证码　　　　　　　　　　获取验证码

验证码 不能为空

确认

图 7.19

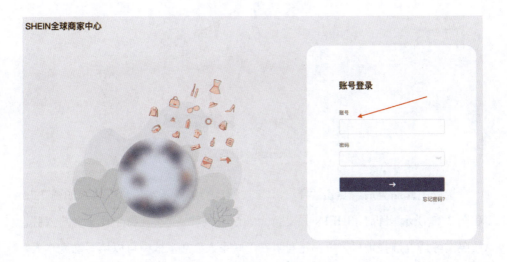

图 7.20

填写账号和密码后，点击"→"按钮，就正式进入了 SHEIN 半托管模式的卖家中心，如图 7.21 所示。

SHEIN 半托管卖家注册分为 6 个板块：合作意向、基本信息、经营信息、财务信息、店铺信息、税务信息。

在合作意向板块中，选择你的主营品类。在注册阶段，SHEIN 不接受同时选择多个品类。在经营过程中，如果要新增品类，那么再向 SHEIN 申请增加品类。

图 7.21

选好主营品类后，点击"下一步"按钮，会进入基本信息板块，如图 7.22 和图 7.23 所示。目前，SHEIN 只支持企业法人入驻，而不支持个体工商户入驻。按照实际情况选择地区，填写地址。在"联系人"文本框中可以填写法人本人，也可以填写不是法人的代注册人。如果填写法人本人，那么直接上传营业执照的照片即可；如果填写的不是法人，那么还需要上传联系人与公司关联证明，类似于委托授权书。

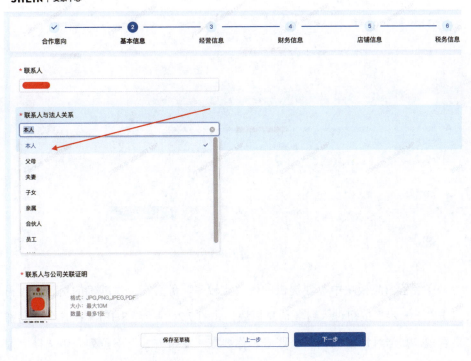

图 7.22

图 7.23

点击"下一步"按钮进入经营信息板块，如图 7.24 和图 7.25 所示。在经营信息板块中，需要选择"是否有电商平台经验"。SHEIN 半托管卖家不一定要有运营其他电商平台的经验。如果你没有，就勾选"无"单选框，如果你有亚马逊、沃尔玛或者速卖通的运营经验，就可以提供对应的店铺链接、年销售额、销售额截图等。这样，审核的成功率更高，审核更快。

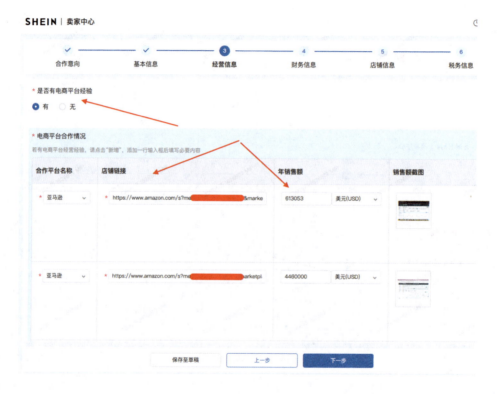

图 7.24

在经营信息板块中需要提供的资料比较多，务必在提供准确的资料后，再点击"下一步"按钮进入财务信息板块，如图 7.26 所示。SHEIN 在各个方面都很合规，账号性质必须为对公账号。你要在"支付方式"下拉列表中选择"银行转账"，根据第三方收款平台上的海外银行信息选择收款银行编码类型。

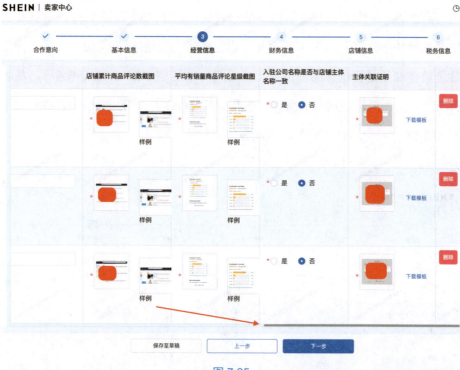

图 7.25

图 7.26

点击"下一步"按钮进入店铺信息板块，如图 7.27 和图 7.28 所示。在店铺信息板块中，需要填写店铺名称、店铺描述，上传店铺 Logo，选择店铺名称及销售商品是否包含品牌信息，然后填写你在 SHEIN 上的品牌名称、品牌持有方、品牌商标注册号、品牌商标有效期至什么时间等。这些信息都是显示在 SHEIN 半托管店铺前台的，因此要慎重对待。

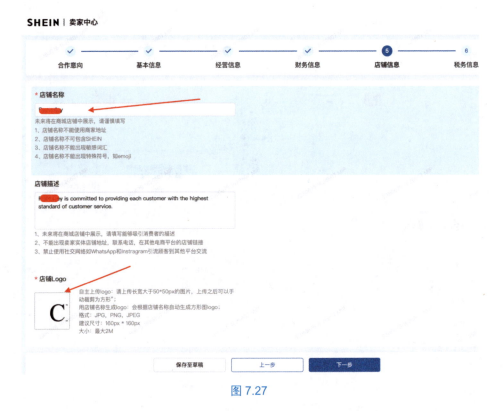

图 7.27

图 7.28

在填写完后，点击"下一步"按钮进入税务信息板块，如图 7.29 所示。

在"注册或经营国家/地区"下拉列表中选择入驻主体所在的国家或地区，例如你的营业执照是中国的，就选择"中国"。

"商家税号类型"是默认的，在"商家税号"文本框中填写营业执照上的社会统一信用代码，按照营业执照上的公司地址和对应地区的邮编，选择税务所在地区，填写税务所在地址和税务所在地邮编。

税务相关附件是指在 SHEIN 后台下载的美国或者欧洲的相关税务文件，打印出来填写好，盖公司公章，再扫描后上传。

最后，点击"提交合作申请"按钮，等待官方审核。

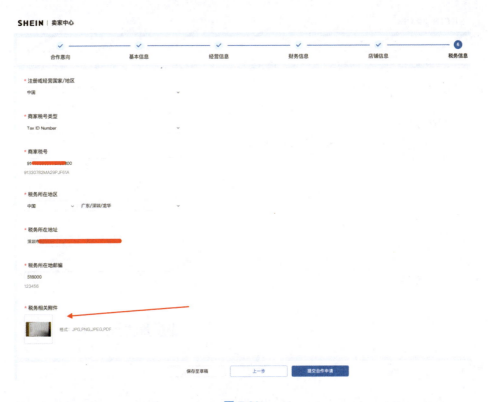

图 7.29

7.4　SHEIN适合什么卖家入驻

你关注这个问题，肯定是想知道自己是不是适合入驻 SHEIN，但如果仅从 SHEIN 的招商条件去看就太表面化了。

你可以从 SHEIN 的用户画像，也就是买家群体出发，看一看 SHEIN 是不是适合你入驻。

SHEIN 的女性用户占 70%，男性用户占 30%，美国用户占 50%，加拿大用户占 4.25%，意大利用户占 10%，法国用户占 10%，西班牙用户占 5%。他们主要是职场中的年轻白领，收入水平一般，更关注有特色和性价比高的商品，而且他们是海外各个社交媒体平台的参与者和高度活跃者，习惯在线上购物，对亚马逊等平台非常熟悉，也愿意在 Temu、SHEIN 等新型跨境电商平台上购物。这些年轻人喜欢聚会，注重旅行、休闲等。SHEIN 稳稳地抓住了这群年轻人。

采用全托管模式的 Temu 和卖家有更多的浅合作，也就是 Temu 的第三方卖家上架商品，Temu 核价后第三方卖家就可以发货到 Temu 仓库。

SHEIN 更侧重于和卖家一起打磨供应链，也就是不断地开发出适合海外市场的爆款。在这个过程中，SHEIN 需要和卖家频繁、长期地沟通，而不是简单地核价。虽然 SHEIN 最终也会核价，但核价只是款式被选中后的一个必要步骤。

我把 SHEIN 定义为帮助国内卖家出海的"智囊团"。

拥有供应链优势的卖家，也就是传统工厂，最不擅长的就是调研海外市场的买家需求，以及在海外做广告营销。SHEIN 不断地根据平台数据，给这些拥有制造经验的工厂提供新的商品款式和服装板型。工厂只需要配合 SHEIN 把这些潜在的热销款变成实物，然后小批量生产，给 SHEIN 销售。这就产生了"1+1>2"的效果。

SHEIN 深度打磨供应链的过程虽然见效慢，但是属于典型的长期主义，比单纯地在市场上"烧钱"买用户后劲更足。许多工厂不只是想清货，还认为虽然 SHEIN 的订单数量少，但是稳定，并且能够按时结款。工厂可以安心地用这些订单养活工人，然后在其他的订单上赚钱。这相当于实实在在地帮助工厂。

从 SHEIN 的用户画像分析到 SHEIN 能作为卖家的"智囊团"，我相信你能够看到 SHEIN 是不是适合你。如果你的商品适合 SHEIN 的用户，并且你能够满足 SHEIN 的要求，愿意为 SHEIN 改变业务流程，特别是认同小单快反的模式，就可以大胆地入驻 SHEIN。

7.5 SHEIN的发展前景

如果你对 SHEIN 的印象还停留在商品款式多、价格便宜上，进而觉得这个平台和 Temu 差不多，那就是对 SHEIN 缺少深入了解。

SHEIN 能够在跨境电商行业成功出圈，主要有以下 3 个原因：①拥有世界上效率最高的柔性供应链；②牢牢地抓住了"Z 世代"买家；③背靠强大的中国制造业。

你在 SHEIN 的前台页面可以看见众多时尚新款、超低价的商品和快速更新的商品，这都得益于 SHEIN 背后的柔性供应链，也可以说是世界上效率最高的柔性供应链。

SHEIN 上的一个新款，从国内工厂打样到送达海外终端买家手里，平均只需要 20 天。SHEIN 每天可以上架 5000～6000 种新品，库存周转天数为 30 天左右。

SHEIN 已经成为跨境电商圈，乃至资本市场的新宠。SHEIN 长期深度打磨国内服装制造业供应链，将柔性供应链变成成熟的出海基础设施，并将国内服装制造业的部分产能汇聚起来，反向推动服装制造业柔性改造，这是 SHEIN 的核心竞争力之一。

SHEIN 从 2012 年开始做跨境电商业务，花了 5 年打磨见效最慢的柔性供应链，在 2017 年发生了质变，正所谓量变引起质变，这在 SHEIN 身上表现得非常明显。2017 年，SHEIN 的销售额大概是 40 亿美元，到了 2020 年销售额突破 100 亿美元，2021 年的销售额是 200 亿美元，2023 年的销售额已经突破 400 亿美元，业内预测 2025 年的销售额可以达到 800 亿美元。

SHEIN 的柔性供应链最大限度地获取了市场订单，但又没有过多压货，这是它成功的一个细节。只要你销售过服装类目的商品，就会发现备货是一件高难度的事情。如果备货少了，那么服装因为尺码和颜色的问题会断货，进而损失销量。如果备货多了，就会产生大量的滞销库存，把利润都稀释掉。

时尚品类的主要消费对象是出生在 1995—2009 年的"Z 世代"。海外的年轻人和国内的年轻人在许多方面其实是很接近的。大多数年轻人的智能手机都是最常用的移动设备，并且他们把大部分时间花在社交网站上，主要在手机上完成购物。

YouTube 是"Z 世代"首选的社交媒体平台，其次是 Instagram 和 Facebook。他们更关注这些平台的新一代网红，网红的宣传比传统广告更能影响他们的购物决策。

SHEIN 非常重视与 YouTube、Instagram、Facebook 这些欧美主流社交平台合作，在这些平台上投放了大量的广告，精准地触达了"Z 世代"。因为 SHEIN 上的年轻女性用户占大多数，Pinterest 上的年轻用户占大多数，所以 SHEIN 在与 Pinterest 的合作中获得了大量潜在且精准的目标用户。

图 7.30 所示为 SimilarWeb 网站上的 SHEIN 网站的社交流量数据。

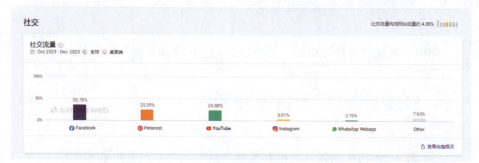

图 7.30

Facebook 是最大的社交流量来源，其次是 Pinterest，再次是 YouTube。这样的社交流量结构是非常合理且精准的。

SHEIN 网站的流量来源渠道如图 7.31 所示。

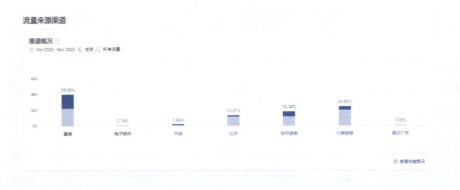

图 7.31

SHEIN 的社交流量占总流量的 13.37%。SHEIN 的搜索流量（自然搜索流量和付费搜索流量）占总流量的 43.2%，直接访问 SHEIN 网站的流量占比高达 39.99%。直接访问的流量（SEO 流量）占比高，说明这个网站是优质的和健康的，具备了良性循环的潜力，这从侧面印证了 SHEIN 的品牌力不断增强。

2024 年以来，SHEIN 一直在提升服装以外的类目占比，这些内容在 7.1 节已经介绍了，而且有很多非常优秀的卖家入驻 SHEIN。

SHEIN 的发展前景可以用"蓄势待发，火山喷发前夜"来形容。

7.6 SHEIN卖家的状况分析

在了解了 SHEIN 的发展历程和发展前景后，你一定想知道 SHEIN 卖家的经营情况，但是我没法给出他们的经营数据。我把和 SHEIN 合作所需要具备的几个条件，以及你需要做出什么改变写出来，你就会明白大概情况。

SHEIN 以丰富多样的商品线和超越传统零售的上新速度，获得了全球买家的喜爱，并且正在往全平台、多类目的方向发展。SHEIN 花费大量时间打磨出"小单快反"模式，凭借其敏捷性和灵活性，不仅在极度竞争的跨境电商环境中生存下来，还为不同类型的卖家提供了新的时代发展机遇。

首先，SHEIN 卖家需要适应一种全新的生产工艺流程。我和多位 SHEIN 卖家交流后得知，SHEIN 和其他平台最大的区别是卖家需要随时与 SHEIN 保持高效的沟通，并且全力配合 SHEIN 生产商品，而不是简单地上架自己觉得好的商品。

SHEIN 的自然流量非常大，这就要求 SHEIN 卖家主动提高开发效率。卖家之前一个月可能只开发几个新品，但现在一个月要上架 500 多个新品。这种效率大幅提高的背后，是卖家生产流程的转变，从"批量生产"转变为"快速反应"，并且这个过程需要完全数字化，以满足 SHEIN 的供应链需求。这也是 SHEIN 卖家生存的核心之一：拥抱变化，提高效率。

在前期测款时，坚持与 SHEIN 沟通是成功的关键。很多工厂总是对自己的商品很自信，觉得自己的商品只要放在平台上销售，就一定能成为爆款。这是典型的盲目自信。

SHEIN 捕捉全球市场中的流行元素，并将其迅速反馈给工厂，让工厂快速生产出带有市场流行元素的商品，这样的商品才有成为爆款的潜质。

这需要工厂主动走出舒适区，改变过去十几年，甚至几十年的工作习惯，改变生产流程。这对于部分工厂来说是很痛苦的，它们甚至会抵触。

其次，SHEIN 按需生产的逻辑，虽然给卖家带来了挑战，但也带来了不小的机遇。

"小单快反"模式使得 SHEIN 可以快速对市场反应进行测试。只有在商品销售好的情况下，SHEIN 才会让卖家追加生产。这种方式极大地减少了库存风险，使得 SHEIN 能够解决服装类目的最大问题——滞销库存。要实现这一点，就意味着卖家需要积极、主动，且不厌其烦地生产 100 件这样的小订单商品，这些前期看起来不起眼的小订单商品后期可能会成为平台的大爆款，进而带来大订单。"小单快反"模式时刻考验着工厂的生产灵活性、机动性和敏捷性。这要求卖家改变之前外贸大订单的惯性生产流程，主动适应现在零散的、个性化的小批量订单时代。

在适应"小单快反"模式的过程中，SHEIN 卖家还需要主动适应数字化改造的过程。有些工厂的 40 岁以上的员工连电脑都不会操作。在数字化对接 SHEIN 的过程中，工厂有必要对这些员工进行基础的电脑操作培训。

"小单快反"模式也可以被理解为按需生产，这就要求工厂的生产端，甚至上下游全产业链条都要进行数字化改造，否则在和 SHEIN 配合的过程中，工厂会很吃力，效率会大打折扣。

最后，SHEIN 的半托管和全托管双引擎模式，为国内卖家提供了更大的发展空间。在亚马逊上做得比较成功并熟悉海外仓业务流程的卖家，可以以第三方卖家的身份入驻 SHEIN，直接获取平台流量，然后通过熟练的海外运营经验，把商品配送到终端买家手里。SHEIN 就是这类经验丰富的卖家的第二增长曲线。

没有海外运营经验的国内卖家（包括工厂），可以考虑采用全托管模式，直接给 SHEIN 供货，然后按前面介绍的合作细节操作。这类完全没有海外运营经验的卖家，也可以迅速和简单地完成跨境出海转型。

对于这类卖家来说，SHEIN 大大地降低了跨境出海的门槛，而中国拥有世界上最丰富和最具有性价比的供应链，两者一定会碰撞出让全世界感到耀眼的"火花"。

对于有海外运营经验的卖家来说，无论是国内工厂，还是有多年跨境电商运营经验的贸易型卖家，只要有海外仓备货和发货能力，就可以采用 SHEIN 的半托管模式。目前，SHEIN 的半托管卖家数量还不多，如果半托管卖家有让海外买家喜欢的商品，那么是可以迅速接到订单的。

SHEIN 不仅在卖家端发力，还在买家端发力，推出了个人对个人的转售购物平台，即 SHEIN Exchange（二手转售平台）。此举是为了让数百万个 SHEIN 用户能延长商品的使用寿命，其目标是让转售就像购买全新的商品一样简单、方便。

你在 SHEIN App 的搜索框中搜索 "SHEIN Exchange"，会打开如图 7.32 和图 7.33 所示的页面（这个页面很长，截取成两张图片）。

图 7.32

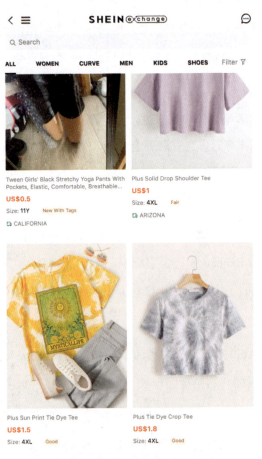

图 7.33

注意：只有在 SHEIN App 上搜索"SHEIN Exchange"时才会显示这个页面，在 PC 端搜索"SHEIN Exchange"显示的是关于二手转售平台的简介。

总的来说，卖家要想在 SHEIN 上获得发展，除了需要有走出舒适区的决心，还需要对各种新流程、新事物保持虚心学习的心态，同时需要注重商品的原创开发，提升商品的竞争力。这是在 SHEIN 上获得成功的关键。

SHEIN 以独特的营销和运营模式，为国内不懂运营的工厂、贸易商、工贸一体的卖家提供了一个简单和高效的全球化出海平台，将"小单快反"模式向全球输出。SHEIN 卖家只需要积极配合即可。在这个过程中，SHEIN 卖家需要在应对不确定性、进行数字化改造和提高生产效率的同时，更好地理解买家，提供更优质的商品，从而在未来的跨境出海新周期中，获得一席之地。

卖家必须适应海外市场"个性化、碎片化"的消费新需求。因此，无论是 SHEIN 卖家、亚马逊卖家，还是 Temu 卖家、沃尔玛卖家，都要经历适应新事物的过程。在这个过程中，卖家需要不断地提高自身的竞争力。

8 第 8 章

TikTok 强势来袭

8.1 TikTok出海简介和新的全球化现象

有些人可能没有听说过 TikTok，但应该使用过抖音。其实，TikTok 和抖音都隶属于字节跳动公司（简称"字节跳动"）。

TikTok 是抖音海外版，是抖音扩张国际版图的应用，也是一个全球知名的短视频社交平台。TikTok 受到了欧美和东南亚年轻人的欢迎，甚至一度成为"95后""00 后"生活的一部分。当谈论 TikTok 或者抖音海外版时，我们其实在讨论一种新的全球化现象，即中国正重回世界舞台的中央。越来越多的中国公司走出国门，开始收购海外公司。

2016 年 9 月，抖音正式在国内上线。

2017 年 5 月，TikTok 正式上线。2018 年是 TikTok 出海的第一个阶段，也可以称为用户增长阶段。TikTok 以亚洲国家为出发点，前期靠口碑营销和自然传播缓慢地打开市场，再通过本地精细化运营提高用户的使用频率及留存率。

2018 年，TikTok 的母公司字节跳动花 10 亿美元收购 Musical.ly 公司，开始进军欧美市场。Musical.ly 是以年轻人对口型假唱和跟着音乐跳舞为特色的短视频应用。TikTok 继承了 Musical.ly 的许多优秀特性，例如 15 秒配乐短视频的内容形式和单列信息流的浏览页面，充分利用现代人快节奏生活中的碎片化时间。Musical.ly 与 TikTok 合并后，Musical.ly 之前的老板成为 TikTok 的负责人。海外高管团队的本地化，让 TikTok 不但避免了水土不服，而且做到了"入乡随俗"。

2019 年是 TikTok 出海的第二个阶段，也可以形象地称为由量变到质变阶段。

2020 年到 2022 年是 TikTok 出海的第三个阶段，也称为电商预热阶段。

到了 2020 年年初，全球新冠病毒感染疫情迅速蔓延，人们有更多的时间花在线上，TikTok 大举"烧钱"增加用户数量，扩大在当地年轻人心中的影响力，通过邀请更多的当地网红入驻，提高了平台的内容质量，吸引了更多的用户。

在商业化方面，从 2021 年开始，TikTok 在英国、美国、印度尼西亚开展电商业务。

从 2022 年开始，在东南亚的泰国、越南、马来西亚、菲律宾 4 国，TikTok 开展了 TikTok Shop 跨境电商业务。

从 2023 年 5 月开始，TikTok 推出了全托管模式，大大降低了第三方卖家运营 TikTok 店铺的难度，并且不需要卖家负责物流。TikTok 全托管卖家只需要提供商品报价和备货。TikTok 全托管模式的业务流程和 Temu 全托管模式的业务流程非常相似，毕竟 TikTok 不是第一个推出全托管模式的平台。TikTok 高速发展，覆盖了更多不同年龄、不同喜好、不同生活阶层的人群，想通过全托管模式吸引更多优秀的卖家和商品，以丰富平台的商品类别，提高买家的购物体验。

在 TikTok 没有上线"小黄车"功能前，如果买家想买在 TikTok 上看到的商品，那么会在第一时间到亚马逊 App 上搜索相同的商品。买家现在可以在 TikTok 上下单，TikTok 负责配送，这就给卖家提供了巨大的商业机会。

2023 年到现在是 TikTok 出海的第四个阶段。TikTok 的商业赛道已非常成熟。

截至 2024 年 4 月，TikTok App 的全球下载量超过了 30 亿次，超过了 Facebook App 的下载量，这足以证明 TikTok 的全球影响力日趋扩大。TikTok 逐渐成为美国互联网潮流中的"万人迷"。

这个既"霸气"又真实的数据，印证了 TikTok 在全球市场的强势崛起和成功。有人觉得这个数据和个人卖家没有关系，但我看到的是这个数据的背后暗藏着巨大的市场机遇。这就要看每个人怎么发挥自己的优势，最关键的是要先理解 TikTok 是一个什么样的平台，才能更好地把握 TikTok 带来的蓝海商机。

TikTok 与传统的跨境电商平台有着巨大的差异。亚马逊、沃尔玛、Temu 属于主动搜索式的在线购物平台。TikTok 属于兴趣电商平台、社交电商平台。TikTok 的流量推送逻辑和传统电商平台的流量推送逻辑区别很大。

TikTok 有以下 4 个特点：①既有全球视野，也有本地化视角；②既有个性化内容，也有强社交属性；③既有兴趣电商，也有去中心化机制；④既有 AI 算法，也有符合人性的内容。

这 4 个特点是 TikTok 能持续火爆的原因。TikTok 能火起来，并且能持续发展，一定符合社会发展规律，并且内容更符合海外年轻人的喜好。随着 5G 和数字化浪潮席卷全球，TikTok 使用短视频+音乐的形式，再使用 AI 算法精准推荐，让优质、有趣的短视频获得了大量点赞，满足了创作者被关注和认可的内在需求，最终形成了 TikTok 提供技术，创作者独立运营的结果。

TikTok 正处于商业模式发展的早期，卖家需要摸索 TikTok 的各种玩法。TikTok 的全托管模式降低了卖家出海的门槛，让更多的卖家能参与到 TikTok

这种强社交属性和兴趣电商结合的生态系统中。亚马逊早期的爆款打法有几十种，这些打法大多发生了质的转变。这些都是亚马逊发展和亚马逊卖家共同努力研究后的结果。TikTok 也一样，只不过一切才刚刚开始。

8.2　TikTok 上的单品销量超过亚马逊上的单品销售

8.1 节介绍了 TikTok 的发展路径，以及 TikTok 的社交属性特点，再加上欧美为老牌的发达国家，当地人的购物能力强，电商市场大，竞争没有中国激烈。TikTok 的发展可以用"天时，地利，人和"来形容。

TikTok 上某些爆款的销量，已经超过了亚马逊上同款 Best Seller（最畅销品）的销量。例如，制冰杯。图 8.1 中箭头所指的是亚马逊上销量排第一的制冰杯。图 8.2 是在 TikTok 上搜索"ice maker cup"得到的制冰杯视频。

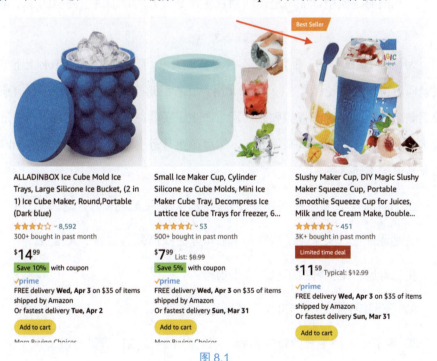

图 8.1

图 8.2

亚马逊上销量排第一的制冰杯大概每天卖 800 多个，但 TikTok 上头部视频带货的制冰杯平均每天卖 2000 个。

在我们的印象中，亚马逊上的销量应该是最大的，但这个商品的销量不是这样。

为什么 TikTok 用户看了视频不去亚马逊下单，而是直接在 TikTok 上下单？我调研后得出的结论是，这些 TikTok 用户在看到这个视频前，压根就没有想过要买制冰机，是被这个视频刺激后，才产生了买制冰机的冲动，而在亚马逊上买制冰机的大部分买家本来就想买，然后在亚马逊上下单，这就得出了 TikTok 和亚马逊的本质区别。

在 TikTok 上，买家在兴趣爱好的影响下，产生购物需求，这属于货找人。

在亚马逊上，买家有了购物需求后，才去找商品，这属于人找货。

我觉得这个案例释放了以下 3 个信号：

① 爆款诞生的地方不再仅仅是亚马逊。

② 由于新电商平台的特性不同，因此会不断地涌现类似的爆款。

③ 亚马逊依然是爆款利润最高的平台。

以 TikTok 为代表的兴趣电商，在逐渐改变跨境电商的格局。

这个改变虽然只是刚开始，但是蕴藏着大量的市场机会，就看你能不能抓住。

你可以先看一下其他跨境电商平台的新品榜，再把新品榜上的商品放到亚马逊上销售。这个调研新品的方法在未来的两年内，可以让你获得跨境电商多平台发展新红利。

TikTok 上个别爆款的销量超过亚马逊上的销量，就是"天时，地利，人和"的表现。

天时：TikTok 复制了抖音的运营逻辑，并且短视频可以被海外用户接受已经在 Musical.ly、Dubsmash、Vine 上得到了验证。

地利：在海外人人皆知的视频应用 YouTube 和使用率最大的社交应用 Facebook 都还没有重视短视频领域，TikTok 和这些巨头之间的竞争是错位竞争，因此 TikTok 获得了快速发展的历史机遇。

人和：TikTok 成功地收购 Musical.ly，实现了"1+1>2"的效果，直接复制了 Musical.ly 优良的本地基因，从而稳定、持续地高速增长。

TikTok 在美国能够第一时间得到飞速发展，是因为美国有看视频购物的优秀传统。美国的直播带货其实起源于 20 世纪 80 年代的电视购物。1987—1995 年，美国电视购物巨头 QVC 和 HSN 每年的销售额增幅都超过 100%，并且大部分用户是女性用户，用户经常购买的是家纺商品、首饰、电子配件、美容商品等。电视购物在美国风靡一时，并且在 1990 年达到最高峰，但因为电视节目的制作门槛高，需要优秀且专业的主持人，用户只是单方面地收看电视节目，无法和主持人频繁互动，所以随着 YouTube 的兴起，电视购物逐渐衰落，但养成了用户看视频购物的习惯。电视购物的用户画像和 TikTok 的用户画像高度接近，这是 TikTok 在美国火热的基础。

2020 年前后，一场全球新冠病毒感染疫情不仅让亚马逊等传统货架电商平台的订单量暴涨，还深度培养了 TikTok 用户的习惯，特别是看视频购物的习惯。在新冠病毒感染疫情期间，很多人有更多的休闲时间使用 TikTok，加上短视频的创作门槛低，更多的创作者和博主参与到 TikTok 的短视频创作中，很多人在各大商场缺货期间，第一次在 TikTok 上购物，此后一发不可收拾。

TikTok Shop 美区（TikTok 美国站）在 2023 年 9 月正式开放小店，在欧美大型节日——黑色星期五当天 GMV（商品交易总额）达到 3400 万美元。TikTok 的用户和传统货架电商平台的亚马逊、沃尔玛的用户有巨大差别。我们都知道，在亚马逊、沃尔玛上购物的买家都是先有购物需求，然后才在平台上搜索想要的商品。

TikTok 在买家还没有购物需求时，通过能激发人感情的短视频，直接影响买家的购物决策。因为 TikTok 的平台基因就是社交、娱乐，而不是购物，但又可以让买家在玩手机的过程中，产生购物行为。这是和其他跨境电商平台的本质区别。

读到这里，你应该能感受到，TikTok 的各项准备工作已经做好，已经到了万事俱备，只欠东风的阶段，这个"东风"就是参与 TikTok 创作的博主、品牌方、卖家，甚至本书的读者——你。

8.3　TikTok各站点的全托管模式和第三方卖家入驻模式分析

说起跨境出海，无论是传统外贸，还是跨境电商，大家一致认为欧美市场是主流市场，这在 TikTok 上恰恰相反。TikTok 先在东南亚发展起来，无论是创作"种草"视频，还是直播带货"拔草"，东南亚电商生态都已经相对成熟，并且经过了卖货的基础阶段，现在 TikTok 上的卖家，都处于精细化运营店铺和品牌，全力打造商品的阶段。

谷歌的市场调研数据显示，东南亚电商的渗透率在 2025 年会高达 80%。由于东南亚人口更年轻，这就提供了绝佳的电商生态环境。

截至 2023 年 12 月，东南亚贡献了 TikTok 主要的营业额。

下面介绍一下 TikTok 不同站点的运营模式和入驻要求。

全托管模式简单、易上手，很多卖家觉得运营 TikTok 需要拍视频并招聘直播人员，启动工作比运营亚马逊店铺还难，因此 TikTok 的全托管模式不仅被工厂型卖家关注，也被贸易型卖家关注。

第三方卖家入驻模式要求本地发货。虽然本地发货可以让买家的满意度高、卖家的资金回笼速度快，但本地备货提高了卖家的入行门槛。

全托管模式可以增加平台的商品数量，也能吸引更有实力和更有经验的跨境电商卖家。

业内拥有多年亚马逊运营经验的卖家运营 TikTok 美区，在某种程度上就是对没有海外仓运营经验的卖家的降维打击。

TikTok 开通的全托管站点有美国站、英国站、沙特阿拉伯站。

不同的站点有不同的要求，TikTok 开通的第三方卖家自运营站点有美国站和东南亚站（包括泰国站、菲律宾站、马来西亚站、越南站、印度尼西亚站、新加坡站）。

下面重点介绍 TikTok 美国店铺，毕竟 TikTok 美国店铺无论是在卖家数量上还是在 GMV 上都处于井喷状态，有大量的卖家想入驻，TikTok 也在培养大量的买家实现双向互动。

TikTok 美国店铺分为以下 4 种：美国本地店铺、ACCU 店铺、跨境店铺、全托管店铺。

（1）美国本地店铺指的是 TikTok 美国店铺中拥有美国国籍的人持股超过 75%的店铺。美国本地店铺中的个人店铺指的是美国绿卡持有者开通的店铺。个人店铺限制每天 200 笔订单，要求美国本地备货和发货，可以自发货，也可以使用 FBT[①]。

美国本地店铺的优点是回款速度快，货款一般在 24 小时内就能到账。美国本地店铺可以参加 TikTok 举办的各种营销活动并享受优惠政策。

美国本地店铺的缺点是限制较多，审核速度慢，且容易触发二次审核。

（2）ACCU 店铺属于一种特殊的美国本地店铺。TikTok 考虑到有很大一部分特殊卖家存在，他们持有美国公司的营业执照，但这些美国公司的法人或者大股东是中国人。

ACCU 店铺的优点和美国本地店铺一样，回款速度快，又因为店铺的法人或者大股东是中国人，因此 ACCU 店铺由中国的 AM（Account Manager，客户经理）负责。卖家在运营店铺的过程中，有问题可以直接与 TikTok 的中国客户经理沟通，不受语言和时差影响。

（3）跨境店铺是专门服务于海外市场的跨境电商卖家经营的。TikTok 允许有中国公司的营业执照的卖家直接在 TikTok 上开店。跨境店铺也要备货到美国本地，支持海外仓自发货配送订单。

跨境店铺的优点是卖家不用准备美国公司的营业执照，直接用中国公司的营业执照注册即可，注册资料非常简单。跨境店铺也可以参加 TikTok 举办的各种营销活动并享受优惠政策。

---

① FBT 是 TikTok 对标 FBA 推出的物流供应链服务——Fulfilled by TikTok。

跨境店铺的缺点是门槛高，仅允许销售珠宝、水晶等高客单价商品的卖家入驻。

（4）TikTok 推出全托管店铺的主要目的是吸引更多的中国优质卖家，以增加商品的丰富度。TikTok 允许上架货值低且无商标的商品，以满足更多 TikTok 买家的需求。入驻全托管店铺也非常简单，提供中国公司的营业执照即可，并且备货到中国跨境仓，地址在中国广东省。

全托管店铺卖家只需要供货给 TikTok，剩下的短视频创作、发布、运营、出单、发货都由 TikTok 完成。这极大地降低了不懂短视频运营的第三方卖家参与 TikTok 跨境出海的门槛。

9 第 9 章

AI 在跨境电商领域的应用

9.1 AI在跨境电商领域大有可为

AI（Artificial Intelligence，人工智能）在过去很多年一直是社会的焦点。2023 年，位于美国旧金山的 AI 研究公司 OpenAI 研发出了一个聊天机器人程序 ChatGPT。它在全球迅速获得 1 亿多个用户，并且成功地从科技界"出圈"，成为各行各业都争相使用的应用。

微软、谷歌等各大搜索引擎网站都全面开放 ChatGPT 的接入，为用户提供更准确、更丰富的搜索结果。

ChatGPT 不仅能接受文字输入，还可以接受语音和图像输入。国内也有几款相似的模型（例如，文心一言、讯飞星火、百川大模型等），在国内互联网环境下使用比 ChatGPT 方便得多。

亚马逊作为跨境电商平台的代表，也在多个方面使用了 AI。亚马逊推出了一个 AI 购物工具——Rufus。

在亚马逊官网上搜索"Rufus"，可以获得关于 Rufus 更准确的介绍，如图 9.1 所示。

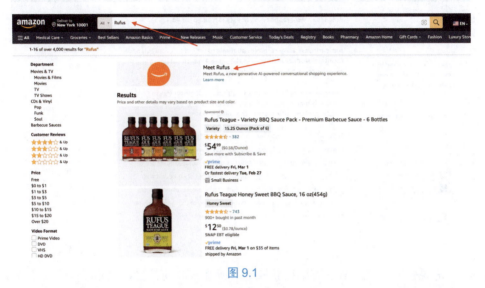

图 9.1

搜索关键词 Rufus 后，会在搜索结果的最上方出现 Meet Rufus 板块，图 9.1
中箭头所指的"Meet Rufus"下方的文字的汉语意思是：一种新的生成式 AI 驱
动的对话式购物体验。单击"Meet Rufus"即可进入 Rufus 的介绍页面，如
图 9.2 和图 9.3 所示。

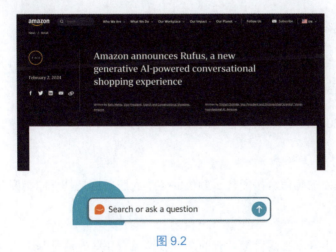

图 9.2

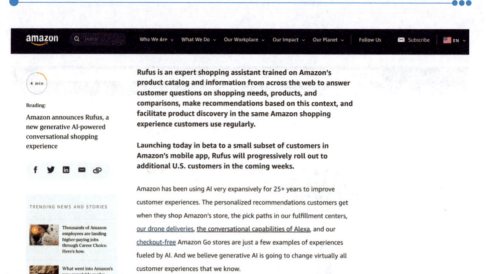

图 9.3

需要强调的是，从官方渠道获取最准确和及时的信息，也是做跨境电商必备的一种技能。

买家之前在亚马逊上搜索一款商品，系统一般会结合各个方面的数据，在首页优先展示库存充足、转化率高、好评率高、商品星级高、退货率低且价格合适的商品。

买家现在在亚马逊上购物，可以从更多的维度提问，以便得到更合适的商品。

例如：今年圣诞节送女朋友的最佳礼物是什么？这是基于节日和目的得到更合适的商品。

适合 20～30 岁黑人女性上班族的衣服有哪些？这是基于买家画像得到更合适的商品。

金色毛发的狗适合搭配什么颜色的冬季衣服？这是基于同类商品比较得到更合适的商品。

假日外出开车去露营最适合的车载收纳品有哪些？这是基于用途、场景、事件得到更合适的商品。

是金属卡扣的宠物狗项圈耐用还是传统塑料卡扣的宠物狗项圈耐用？这是基于商品细节得到更合适的商品。

买家找商品的习惯和方式，从搜索关键词转变为直接表达自己的感性需求。买家通过与 AI 工具互动的方式，可以买到更适合自己的商品。这在某种程度上改变了之前的搜索排名和流量获取方式，是对现有卖家 Listing 的"洗牌"，其中蕴含着巨大的商业机会和超过竞争对手的机会。这就要求第三方卖家会使用 AI 工具优化店铺和商品文案、图片、视频、提问、评论等细节。

因此，AI 在跨境电商领域的应用面非常广。如果你不擅长使用，甚至还抵触 AI 工具，那么会被习惯于把 AI 工具应用到工作中的人替代。AI 工具替代的仅仅是不会使用 AI 工具的人，而不能直接替代人类的工作。

9.2　用真实案例解读亚马逊的AI新算法Cosmo

9.1 节介绍的 Rufus 是对话式推荐商品的 AI 工具。让更懂商品和买家的 AI 工具推荐商品，是亚马逊在搜索购物方面应用 AI 的初步尝试。亚马逊的 Cosmo（Customer-Oriented Search & Match Optimization）算法通过分析和学习大量真实买家的购买行为、搜索习惯等，生成零售领域的常识性知识，更准确地理解买家的意图，甚至预测买家对什么东西感兴趣，最终能形成对买家搜索的"人为思考"。

Cosmo 算法在深度和广度上把 AI 应用于搜索购物领域，创造更有利于买家和卖家的商业环境。

A9 算法依然是亚马逊的根基。Cosmo 算法在 A9 算法的基础上，让 AI 持续不断学习，生成买家需要的商品信息。

与 A9 算法相比，Cosmo 算法有本质上的提升和优化：更准确地理解买家、更广泛的知识覆盖、更智能的推荐算法、更强大的个性化需求预测。

以 2024 年 4 月 8 日开始持续爆单的日食眼镜为例，在亚马逊 App 的搜索框中搜索"Solar Eclipse Glasses"，会出现如图 9.4 所示的页面。

图 9.4

　　亚马逊在 App 端已经应用了 Cosmo 算法，横线上的"Kids""Bulk"等为日食眼镜的各种特性。买家点击不同的特性，可以找到不同的搜索结果，缩短了寻找商品的时间，提高了商品转化率。

　　Cosmo 算法对人群特征做了细分，并且结合商品功能、使用场景、季节性、受众、材质等，再按照 A9 算法展示搜索结果。

　　对于买家来说，缩短了寻找商品的时间。

　　对于卖家来说，提高了商品的可见性和准确率，商品转化率进一步提高，特别是提高了长尾商品的曝光率。

　　所以，卖家必须根据 Cosmo 算法的逻辑，把商品的用户画像、使用场景、使用建议、材质、功能、常识性的用语都填写到商品文案里，而不能只填写几个关键词。

　　建议借助第三方辅助运营软件"卖家精灵"的智能评论分析功能，一键查询商品背后的隐藏信息，如图 9.5 和图 9.6 所示。

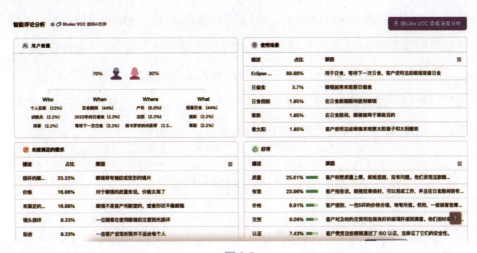

图 9.5

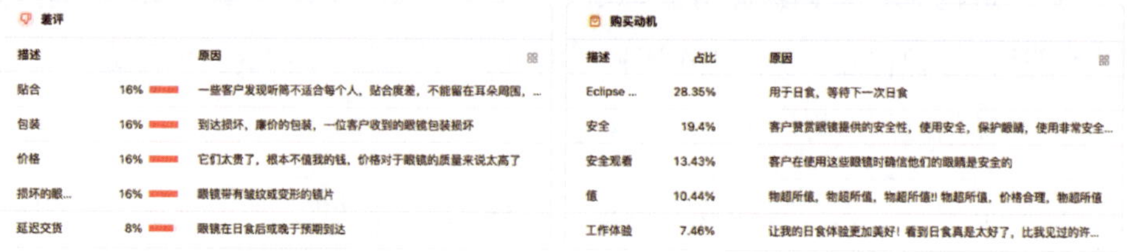

差评

描述		原因
贴合	16%	一些客户发现听筒不适合每个人，贴合度差，不能留在耳朵周围，...
包装	16%	到达损坏，廉价的包装，一位客户收到的眼镜包装损坏
价格	16%	它们太贵了，根本不值我的钱，价格对于眼镜的质量来说太高了
损坏的眼...	16%	眼镜带有皱纹或变形的镜片
延迟交货	8%	眼镜在日食后或晚于预期到达

购买动机

描述	占比	原因
Eclipse ...	28.35%	用于日食，等待下一次日食
安全	19.4%	客户赞赏眼镜提供的安全性，使用安全，保护眼睛，使用非常安全...
安全观看	13.43%	客户在使用这些眼镜时确信他们的眼睛是安全的
值	10.44%	物超所值，物超所值，物超所值!! 物超所值，价格合理，物超所值
工作体验	7.46%	让我的日食体验更加美好！看到日食真是太好了，比我见过的许...

图 9.6

我遇到过很多卖家，他们卖了几年商品，连商品的用户画像都不清楚。我只能说他们赚钱只是靠运气。

例如，“用户画像”中的“4W”指的是 Who、When、Where、What，是帮助卖家理解商品背后买家群体的 4 个重要参考因素，让卖家知道谁在什么时候、什么地点买的商品，用商品做什么。“4W”可以帮助卖家快速熟悉商品的特征及使用场景。

“智能评论分析”中的“使用场景”可以帮助卖家了解这种商品在海外的真实使用环境，从而拍摄更接地气的场景图片和视频等；“未被满足的需求”可以帮助卖家发现商品的未来增长点；“好评”可以帮助卖家总结商品的卖点，了解商品的优点是什么；“差评”可以帮助卖家改进商品的不足之处；“购买动机”可以帮助卖家了解买家下单的真实原因。如果用人工收集和统计这些数据，那么需要花费大量时间。“卖家精灵”的智能评论分析功能直接给出了详细的结果，这也是 AI 在跨境电商行业的一项基础应用。

9.3　ChatGPT在选品方面的应用

你应该能感受到 AI 工具在各行各业都开始有初步的应用。人们对 AI 工具的应用有两种态度。第一种是认为 AI 工具会马上取代人类的工作，并且很多人会因 AI 工具而失业；第二种是抵触 AI 工具，对 AI 工具不屑一顾。AI 工具在很多领域的主要作用有以下 3 个：①帮助人们迅速获取信息，因为 AI 工具比人们懂得更全面。②帮助人们更快速、更高效地处理某些具体的工作，因为 AI 工具的效率远高于人。③辅助人们做某些决策，因为 AI 工具的思考维度更多、自我学习能力更强。

基于以上 3 个作用，积极拥抱 AI 的发展，善于学习和使用现有的 AI 工具，让自己成为"增强版的人"，或许才是我们目前最应该做的事情。

在跨境电商领域，其实很多公司和部分卖家已经开始使用 AI 工具了。例如，用 ChatGPT 写商品标题和文案。只要你使用过 ChatGPT，就会发现 ChatGPT 写的商品标题和文案很少能直接使用，更多的是给你一种选择和参考。最终应用的商品标题和文案是参考 ChatGPT 生成的结果，再加入你对商品的理解。这时，ChatGPT 就成为你提高工作质量和工作效率的一个工具。

有一部分人在使用 ChatGPT 之后，发现生成的内容不是自己想要的，就觉得 ChatGPT 没有用。他们大多把 ChatGPT 当作搜索引擎一样的工具使用，问 ChatGPT 一些自己不知道如何解决的问题，让其生成想要的内容，但又缺乏对 ChatGPT 提问的技巧，导致 ChatGPT 生成不出他们想要的内容。这时，他们需要的是学习怎么对 ChatGPT 提问。

在 2015 年之前，如果打算进入跨境电商行业，或者想在亚马逊上架新品，那么 90%的卖家的选品信息来自亚马逊的数据，而且这些数据还是未经整理和分析的，全靠卖家个人判断，这时的效率是最低的。例如，在分析某个商品的销量时，卖家会根据这个商品的评论数大概判断。随着跨境电商周边服务迅猛发展，一些第三方数据服务商出现了，它们对亚马逊的数据进行整理和分析，能够分析出某年某月某个商品的销量，虽然这和实际销量有误差，但是已经非常接近了，然后它们以合理的方式让卖家获取，卖家再从这些整理和分析后的数据中做选品决策。这样，选品的效率和成功率就大大提高了。

同理，ChatGPT 能够给卖家提供更多数据，这取决于卖家怎么对 ChatGPT 进行提问。

在写本书时，我对 ChatGPT 提问，让它给出一个新的选品视角，如图 9.7 所示。

在对 ChatGPT 提问时，一定要提前给它设定一个身份，可以是任何一个你需要的身份。大部分跨境电商卖家，考虑的都是全球最大的市场——美国。在选品时，一定要有大局观。

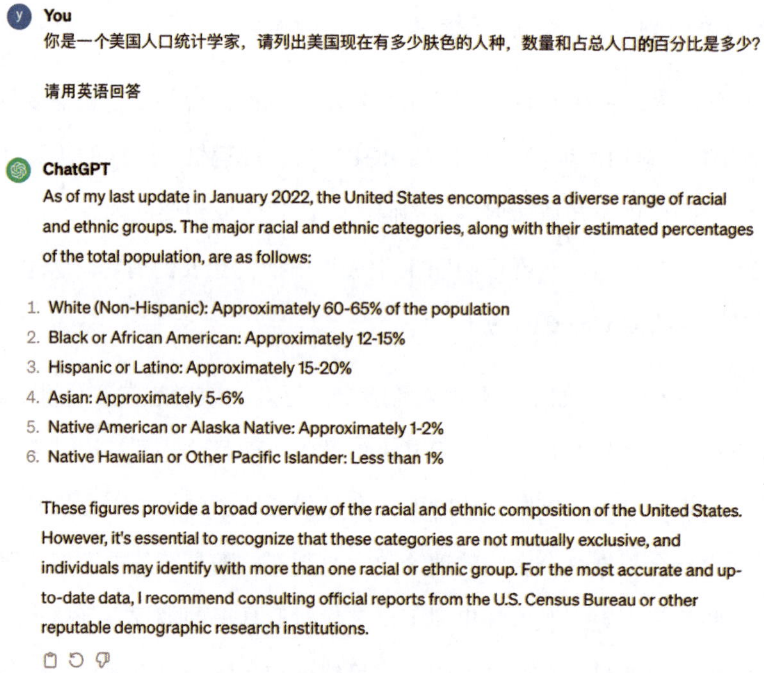

You

你是一个美国人口统计学家，请列出美国现在有多少肤色的人种，数量和占总人口的百分比是多少？

请用英语回答

ChatGPT

As of my last update in January 2022, the United States encompasses a diverse range of racial and ethnic groups. The major racial and ethnic categories, along with their estimated percentages of the total population, are as follows:

1. White (Non-Hispanic): Approximately 60-65% of the population
2. Black or African American: Approximately 12-15%
3. Hispanic or Latino: Approximately 15-20%
4. Asian: Approximately 5-6%
5. Native American or Alaska Native: Approximately 1-2%
6. Native Hawaiian or Other Pacific Islander: Less than 1%

These figures provide a broad overview of the racial and ethnic composition of the United States. However, it's essential to recognize that these categories are not mutually exclusive, and individuals may identify with more than one racial or ethnic group. For the most accurate and up-to-date data, I recommend consulting official reports from the U.S. Census Bureau or other reputable demographic research institutions.

图 9.7

假设 ChatGPT 是一个美国人口统计学家。在大多数人的认知里，美国是一个移民国家。美国现在有多少肤色的人种，以及不同肤色的人种占总人口的百分比是多少呢？你可以直接提问。这里有一个小技巧，你可以用汉语提问，要求它用英语回答，因为 ChatGPT 的资料库大多数是英语的，汉语的资料库少。这样生成的内容全面、更准确。

图 9.8 所示为我用汉语问一样的问题，没有让 ChatGPT 用英语回答，得到的汉语结果中没有各个人种占总人口的百分比，这是因为汉语资料库没有英语资料库丰富。当然，如果你能够用英语提问就更好了。

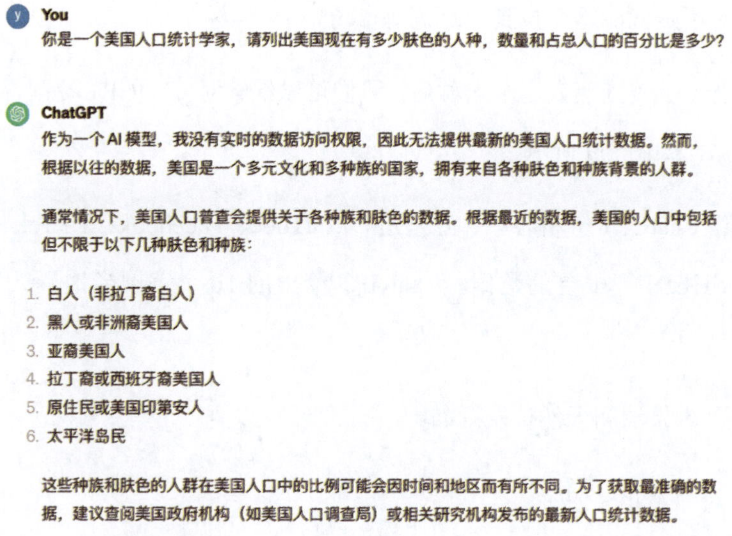

> **You**
> 你是一个美国人口统计学家，请列出美国现在有多少肤色的人种，数量和占总人口的百分比是多少？
>
> **ChatGPT**
> 作为一个 AI 模型，我没有实时的数据访问权限，因此无法提供最新的美国人口统计数据。然而，根据以往的数据，美国是一个多元文化和多种族的国家，拥有来自各种肤色和种族背景的人群。
>
> 通常情况下，美国人口普查会提供关于各种族和肤色的数据。根据最近的数据，美国的人口中包括但不限于以下几种肤色和种族：
>
> 1. 白人（非拉丁裔白人）
> 2. 黑人或非洲裔美国人
> 3. 亚裔美国人
> 4. 拉丁裔或西班牙裔美国人
> 5. 原住民或美国印第安人
> 6. 太平洋岛民
>
> 这些种族和肤色的人群在美国人口中的比例可能会因时间和地区而有所不同。为了获取最准确的数据，建议查阅美国政府机构（如美国人口调查局）或相关研究机构发布的最新人口统计数据。

图 9.8

ChatGPT 用英语生成的答案翻译成汉语如下：

1. 白人（非西班牙裔）：60%～65%。

2. 黑人或非洲裔美国人：12%～15%。

3. 西班牙裔或拉丁裔：15%～20%。

4. 亚洲人：5%～6%。

5. 美洲原住民或阿拉斯加原住民：1%～2%。

6. 夏威夷原住民或其他太平洋岛民：低于 1%。

这里得到了不同人种的人口占比。在做跨境电商，特别是运营亚马逊店铺时，经常有人说竞争已经是红海了，不适合中小卖家进入，其实这是没有深入调研市场，没有用心调研类目得出的结果。

从上面的数据来看，如果销售适用于美国当地黑人、西班牙裔或拉丁裔的商品，是不是就能迅速找到一个蓝海市场？

在选定了美国黑人这个人群后，我们可以继续对 ChatGPT 提问，得出更详细的数据，如图 9.9 所示。

我让 ChatGPT 分析谷歌、亚马逊、YouTube、Facebook、TikTok、沃尔玛、Temu、SHEIN 等平台的数据，ChatGPT 给出的 10 个美国当地黑人喜欢和热销的商品如下：

1. 乳木果油和天然护发商品。

2. 休闲服和运动服。

3. 文化服饰和配饰。

4. 民族食品和香料。

5. 健康和保健补充剂。

6. 科技小工具和配件。

You

对谷歌、亚马逊、YouTube、Facebook、TikTok、沃尔玛、Temu、SHEIN等平台进行全方
位数据分析，请结合美国黑人的生活习惯和购物习惯，列出10个美国当地黑人喜欢和热销的商品，
请用英语回答。

ChatGPT

Certainly! Based on comprehensive data analysis from various platforms including Google, Amazon, YouTube, Facebook, TikTok, Walmart, Temu, Shein, and other e-commerce platforms, as well as social media, blogs, news sources, and considering the lifestyle and shopping habits of African American consumers in the United States, here are ten top-selling and favored products among local Black consumers:

1. **Shea Butter and Natural Hair Care Products**: Products containing shea butter, coconut oil, and other natural ingredients for hair and skin care, catering to the needs of textured hair and promoting natural beauty.
2. **Athleisure Wear and Activewear**: Comfortable and stylish athleisure clothing, including leggings, sweatshirts, and sneakers, suitable for both casual wear and workouts, reflecting an active lifestyle.
3. **Cultural Apparel and Accessories**: Fashion items celebrating African heritage, such as dashikis, kente cloth-inspired clothing, and Afrocentric jewelry, showcasing cultural pride and identity.
4. **Ethnic Foods and Spices**: Ingredients and pre-packaged foods for cooking traditional dishes from African, Caribbean, and Southern cuisines, as well as spices and seasonings for flavor enhancement.
5. **Health and Wellness Supplements**: Vitamins, minerals, and herbal supplements addressing specific health concerns prevalent in the Black community, such as vitamin D deficiency and cardiovascular health.
6. **Tech Gadgets and Accessories**: Smartphones, tablets, headphones, and accessories featuring the latest technology, as well as gadgets for home entertainment and productivity.
7. **Books by Black Authors**: Literature covering a range of genres including fiction, non-fiction, poetry, and self-help, written by Black authors and reflecting diverse experiences and perspectives.

图 9.9

7. 黑人作家的书籍。

8. 健身和保健设备。

9. 具有文化主题的家居装饰。

10. 社会正义服装和商品。

然后，在这样的大方向下，我结合国内供应链的优势，就可以选出竞争小、利润高且有一定市场的商品。

你一方面要结合市场数据选品，另一方面还要对这个类目感兴趣。否则，你会很快陷入枯燥的数据调研状态里。下面以第 3 点的文化服饰和配饰为大方向，找到类似的商品关键词，继续对 ChatGPT 提问，如图 9.10 所示。

把 ChatGPT 的身份进一步缩小，缩小到你要经营的跨境电商平台，并且明确它的职责范围，就可以得出想要的结果。ChatGPT 对这些关键词进行了说明，每个关键词都代表了美国黑人文化独特的风格和文化元素。

图 9.10

在亚马逊美国站搜索这些关键词，分别以"African Dashiki""African Head Wrap""Afrocentric Earrings"为例，对应的搜索结果如图 9.11 至图 9.13 所示。

图 9.11

图 9.12

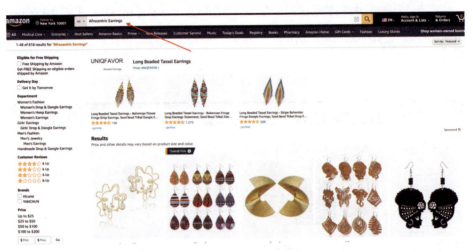

图 9.13

你看到这些黑人喜欢和热销的商品，是不是感觉豁然开朗？

在得到这些关键词后，选品范围就缩小到某个领域的具体商品了，然后你要在亚马逊上对这些商品进行数据分析，分析历史销量、市场容量、转化率、退货率、是否有知识产权等。

你一定要让 ChatGPT 成为新的大脑，让自己的知识比以前更丰富，而不是认为对 ChatGPT 提问可以得到确定的爆款，这是完全放弃人类思考的初级想法。

你在刚开始看本节时可能有疑惑，但现在是不是觉得有了发散思维？我给出的是调研和提问的方向，以及部分提问技巧。现在市面上有很多教人使用 ChatGPT 的书籍，我觉得它们只是从"术"的层面进行介绍。

以上是从选品方向上对 ChatGPT 提问，进而得出满足黑人需求的商品。为了论证这样提问的可行性，下面分享一个专门针对拉丁裔家庭妇女群体的品牌 LovelyWholesale 的案例。这个品牌的商品在 2023 年 TikTok Shop 的"黑五"大

促活动时，以总销量逼近 20 万件，GMV（商品交易总额）环比增长高达 102%
的成绩冲到了女装类目榜首。这个品牌从独立站起家，入驻了现在跨境电商圈
热度较高的几个平台，如亚马逊、Temu、SHEIN、TikTok Shop，并且都得到了
不错的市场销量。图 9.14 所示为 LovelyWholesale 的独立站官网首页。

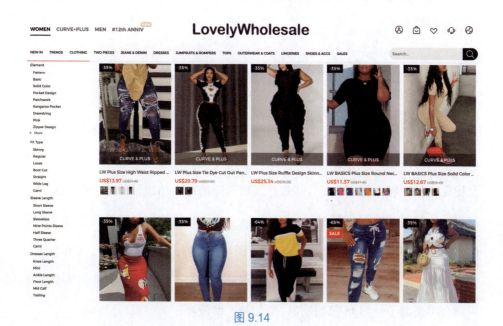

图 9.14

　　它是不是精准地定位于拉丁裔家庭妇女群体的服装风格？针对海外目的地
消费群体进行选品，是目前 ChatGPT 在跨境电商选品领域的一个应用，其本质
是利用 ChatGPT 消除海内外的信息差，即使你没有留过学，没有在欧美生活过，
也可以借助比你更懂得海外市场的 ChatGPT 缩小与海外本地卖家之间的差距。

　　这只是跨境电商的成功案例之一。

　　我更希望你把 ChatGPT 当作各个领域的专家来对待。你要坐下来，平心静
气地与这位专家聊天，向他请教问题，而且这位专家对回答你的问题知无不言，

你无须考虑对方的情绪。你只需要想清楚你想要什么答案，给他充足的信息，他就可以给你详细的答案。

同时，在得到这些详细的答案后，你再结合自身领域的知识，进一步调研商品的历史销量、是否有知识产权等。这就让 ChatGPT 成了你的助理，并且是专家级别的助理！

9.4　ChatGPT在运营优化方面的应用

目前，跨境电商最热门的岗位是运营岗。运营岗也是各个跨境电商公司需求量最大的岗位，特别是入驻亚马逊的第三方卖家。选品之后的上架商品，以及优化商品标题、文案、图片等都体现运营岗的基本功。日常的广告优化、处理账号的问题（例如，变体合并报错、秒杀价格报错等）也都是运营岗每天要做的事情。AI 工具在商品标题、文案、图片优化方面大大地提高了工作效率。据我了解，某些大卖家裁员的一部分原因就是 AI 工具在跨境电商领域全面应用，公司裁撤了一部分基础岗位，例如美工助理等。

AI 工具在各个领域，特别是在跨境电商领域应用的深度和广度，已经超过很多中小卖家的认知。卖家一定要立刻学习这个方面的知识，否则将会被时代抛弃。

在日常销售一款商品时，卖家知道商品的具体名称和英语关键词，也清楚商品的卖点。商品标题、文案都是根据运营经验和公司的要求撰写的，图片是根据运营经验和公司的要求拍摄的。卖家要让 AI 工具进一步提高商品标题、文案和图片的质量，就需要给 AI 工具更准确的信息，让其生成想要的结果。

　　以 Kitchen Towel（厨房毛巾）为案例，看一看用 ChatGPT 怎么优化商品标题。首先要做的事是确定竞争对手，找到现阶段做得比你好的竞争对手，复制 5 个这样的竞争对手的商品标题。你要把竞争对手的品牌名去掉，因为品牌名属于无效信息。

　　以亚马逊为例，Kitchen Towel 在亚马逊上的销量排行榜如图 9.15 所示。

图 9.15

　　有些新卖家可能不知道怎么找亚马逊的销量排行榜，建议看一看我写的《亚马逊跨境电商运营从入门到精通》，该书中介绍了亚马逊的基础操作。

图 9.15 所示的 Kitchen Towel 排行榜是按照销量排序的，展示第 1 名到第 100 名，建议找相同商品的 5 个竞品标题，先让 ChatGPT 学习这些竞品标题的优点，如图 9.16 所示。

You
User

你是一个亚马逊商品标题写作专家，请总结以下5个竞品标题的优点。
请用英语回答

竞品标题1: Premium Kitchen,Hand Towels (20"x 28", 6 Pack) Large Cotton, Dish, Flat & Terry Towel Highly Absorbent Tea Towels Set with Hanging Loop Gray

竞品标题2: Classic Dish Towels - 15 Pack - 14" by 25" - 100% Cotton Kitchen Towels - Reusable Bulk Cleaning Cloths - Blue Hand Towels - Super Absorbent - Machine Washable

竞品标题3: Kitchen 12 Pack, 15 × 25 Inches, 100% Ring Spun Cotton Super Soft and Absorbent Linen Dish Towels, Tea Bar Set

竞品标题4: Ayesha Curry Mixed Utility Kitchen Towel Set | Set of 6 Mixed Terry Kitchen Towels | Absorbent Kitchen Towels Perfect for Spills, Drying Dishes, Cooking, and Any Household Mess

竞品标题5: (16"x 26", 6 Pack) | Large Cotton Kitchen Hand Towels | Popcorn Striped Design | Dish Towels | 430 GSM Highly Absorbent Tea Towels Set with Hanging Loop | Blue

图 9.16

为什么要给 ChatGPT 输入 5 个竞品标题？因为这是亚马逊的内部资料，ChatGPT 无法直接获得，但 ChatGPT 有超高的学习效率。你只需要"投喂"给它这些资料，它在几秒内就能迅速得到结果。你要充分认识并利用好这一点。

你不要把 ChatGPT 想成是万能的，也不要低估 ChatGPT 的学习能力。

让 ChatGPT 总结 5 个竞品标题的优点后，会看到如图 9.17 所示的页面。

ChatGPT 逐一分析并总结了每个竞品标题的优点。这些优点包括商品设计、功能、主要卖点、尺码等，比你对 Kitchen Towel 认识得更全面。

ChatGPT
Competitor Title 1:

* **Premium Quality**: Emphasizes the premium quality of the towels, suggesting durability and high performance.
* **Large Size**: The size is mentioned, indicating practicality and versatility for various kitchen tasks.
* **High Absorbency**: Highlights the towels' absorbent nature, ensuring effective drying.
* **Multiple Use**: Versatility is highlighted by mentioning various uses such as dish, flat, and terry towel.
* **Convenient Hanging Loop**: Includes a hanging loop for easy storage and accessibility.

Competitor Title 2:

* **Classic Design**: The use of the term "classic" suggests timeless appeal and reliability.
* **Bulk Pack**: Offers a bulk pack of 15 towels, catering to customers with larger needs.
* **Reusable**: Emphasizes reusability, appealing to environmentally conscious consumers.
* **Super Absorbent**: Indicates high absorbency, ensuring efficient drying.
* **Machine Washable**: Convenience is highlighted with the ability to be washed in a machine.

Competitor Title 3:

* **Soft and Absorbent**: Prioritizes the softness and absorbency of the towels, ensuring comfort and functionality.
* **Ring Spun Cotton**: Quality material is mentioned, implying durability and luxurious feel.
* **Versatile Pack**: Describes the pack as suitable for various uses including kitchen, tea, and bar.
* **Large Size**: Size is mentioned, indicating practicality for different tasks.
* **12 Pack**: Offers a pack of 12 towels, suitable for households needing multiple towels.

↓

Competitor Title 4:

图 9.17

　　然后，你可以接着提问，一定要把 ChatGPT 当成这个领域的专家，在已经生成的内容的基础上，进一步得到想要的结果，如图 9.18 所示。

　　把 ChatGPT 定位成亚马逊的爆品标题写作专家，再结合刚刚总结的竞品标题的优点，生成 20 个比竞品标题更吸引人、有更高点击率的新标题。我觉得这 20 个新标题给了卖家更多的优化建议，不是说这 20 个新标题都比我们自己写得好，但起码给了我们新的参考维度，而且这些参考维度是比我们更懂运营优化的爆品标题写作专家给出的。

　　这就是 ChatGPT 在优化商品标题方面的作用，你懂了吗？

You

你是一个亚马逊的爆品标题写作专家，请结合上面5个竞品标题的优点
重新生成一个150~200个字的亚马逊新标题，要求新标题比竞品标题更吸引人、有更高的点击率
产品的核心关键词是：Kitchen Towel。请使用英语回答，给出20个新标题

ChatGPT

1. Luxe Absorbent Kitchen Towels Set - Premium Cotton, 6 Pack, Large Size, Gray
2. Ultimate Classic Kitchen Towels - 15 Pack, Super Absorbent, Reusable, Blue
3. Soft & Stylish Kitchen Towels - 12 Pack, Ring Spun Cotton, Versatile Linen Set
4. Celebrity Choice Kitchen Towel Set - Ayesha Curry Mixed Utility, 6 Pack, Absorbent
5. Chic Popcorn Striped Kitchen Towels - Large Cotton, 6 Pack, Highly Absorbent, Blue
6. Premium Kitchen Towels Bundle - 6 Pack, Large Size, High Absorbency, Gray
7. Classic Cotton Kitchen Towels - 15 Pack, Reusable, Super Absorbent, Blue
8. Soft Touch Kitchen Towels - 12 Pack, Ring Spun Cotton, Super Absorbent
9. Ayesha Curry Approved Kitchen Towels - Set of 6, Mixed Utility, Absorbent
10. Stylish Striped Kitchen Towels - 6 Pack, Large Size, Highly Absorbent, Blue
11. Deluxe Cotton Kitchen Towels Set - 6 Pack, Premium Quality, Large Size, Gray
12. Timeless Classic Kitchen Towels - 15 Pack, Super Absorbent, Reusable, Blue
13. Soft & Luxurious Kitchen Towels - 12 Pack, Ring Spun Cotton, Versatile Set
14. Celebrity Chef's Choice Kitchen Towels - Ayesha Curry, Mixed Utility, 6 Pack
15. Trendy Striped Kitchen Towels - 6 Pack, Large Cotton, Highly Absorbent, Blue
16. Premium Quality Kitchen Towels Bundle - 6 Pack, Large Size, High Absorbency
17. Classic Cotton Kitchen Towels Collection - 15 Pack, Reusable, Super Absorbent
18. Soft & Durable Kitchen Towels - 12 Pack, Ring Spun Cotton, Absorbent Linen Set
19. Ayesha Curry's Kitchen Towel Essentials - 6 Pack, Mixed Utility, Absorbent
20. Stylish Popcorn Striped Kitchen Towels - ↓ Pack, Large Size, Highly Absorbent

图 9.18

下面介绍所有跨境电商平台上都必不可少的商品描述。我对比了亚马逊、沃尔玛、Temu、SHEIN、Shopee 等平台，发现只有亚马逊的商品描述是全面、最吸引人的，这从侧面说明亚马逊卖家之间的竞争最激烈。亚马逊的五点描述要求卖家用 5 个特征，把商品卖点讲清楚，这非常考验卖家对商品卖点的熟悉度及英语表达能力。

在没有大规模应用 ChatGPT 之前，大部分卖家在看到一个没有用过的新品之后，很可能去淘宝上搜索同款商品，通过淘宝的商品卖点迅速熟悉这个商品，因为阅读淘宝这样的汉语平台，比阅读亚马逊这样的英语平台要快速、高效得多。

在应用了 ChatGPT 之后，学习的事情可以让 ChatGPT 做。卖家可以查缺补漏，检查 ChatGPT 写的文案有没有原则性的错误，对英语语法就完全不用担心了。

以亚马逊上的女装为例，与写商品标题一样，我们找出一些竞品的商品描述。图 9.19 所示为欧美女士的工作裙。在完成选品工作，进入上架或者优化商品描述的阶段，优秀卖家以前的做法是，看一遍 Best Seller 排行榜中的同款或者类似款的商品描述，然后结合自己商品的卖点，写全新的商品描述。暂且不说我们写的商品描述是不是一定比竞争对手写的商品描述有吸引力，光花费大量的时间浏览英语描述，再把关键词和卖点提炼出来写新的商品描述，少则花半小时，多则花两小时。有的卖家要求完美，花一两天也很正常。

图 9.19

有了"聪明"和高效的 ChatGPT，我们只需要收集竞品的商品描述，让 ChatGPT 学习这些商品描述。你会发现，只需要短短几秒，ChatGPT 就可以生成商品描述，如图 9.20 所示。

Y You

你好，现在你是一个亚马逊Listing创作员，拥有极丰富的商品营销经验
请你根据我提供的竞品的商品描述，先学习这11个竞品的共同卖点和商品描述的写作亮点
用英语列出共同卖点。
然后根据这些共同卖点和写作亮点
用英语写出更有吸引力和更有竞争力的新的商品描述

竞品的商品描述1: 【Features】 V neck, Stylish front tie waist, Summer cap sleeves, Elegant midi length, Hi Zip, Breathable and comfortable stretchy fabric, Partially lined.

　【Simply Elegant Design】 Based on the classy midi sheath wrapped silhouette, adopting the trendy fro sophisticated summer cap sleeve design, making it an elegant and stylish business casual dress. Wrap neckline, sexy but elegant. It made every woman with it feel feminine and elegant, as well as professiona business dinner or a dressy occasion where you want to feel elegant but also sexy.

　【Material】 Anti-wrinkle, stretchy fabric, moderately thick, breathable, and comfortable for all-day wea soft-lined fabric. It adapts to your body shape well and fits very well, not too fit or loose. It is good for a bi as for a day at the office. A great addition to your wardrobe.

　【Occasions】 This women's summer midi dress is a comfortable dress that can be very versatile. It's gr outings, tea parties, wedding guests, cocktails, events, courts, church, teacher outfits, etc. It's dressy en formal/special occasions with heels.

　【Variety of Choice】 Summer Work Office Dress/Business Casual Outfits for women/Elegant Cocktail [Dresses/Chruch Dress/Interview Outfits for Women/Womens office Clothes/Modest Teacher Dresses/C

竞品的商品描述2: Materia:Women semi formal ress is made of newly upgraded fabric,like-cotton and mo fabric,stretchy and soft.

图 9.20

我找了 11 个竞品的商品描述，按照图 9.20 所示的格式，将其一个个粘贴在 ChatGPT 的文档里，让 ChatGPT 先学习并总结这些优秀的竞品的商品描述，然后写出更有吸引力和更有竞争力的商品描述。这本身是卖家做的工作，现在通过文字的形式告诉 ChatGPT 即可，生成的内容如图 9.21 所示。

AI ###As an Amazon listing specialist, I appreciate this opportunity to apply my marketing expertise.###
From studying the given product descriptions, several common selling points and standout writing techniques emerge:
1. Use of descriptive language to highlight design, style, and features of the dresses, such as "V neck", "Stylish front tie waist", "Slim fit", "Elegant midi length", and so on.
2. Emphasizing the quality and comfort of the material, including characteristics like "Anti-wrinkle", "stretchy", "breathable", and "soft".
3. Attention to fitting options and sizes, accentuating "body shape" adaptation, "slim cut", and size diversity.
4. Highlighting versatile applications for different occasions, such as "business casual", "work", "church", "party", "club", "wedding", etc.
5. Offering excellent customer service, including flexible return and exchange policies.
Drawing on these insights, I present an enhanced product description to elevate your product's appeal and competitiveness:
"Experience elegance and power in our newly-revamped Midi-Length Sheath Dress, designed to make you the standout in any crowd. This dress exudes grace with its sexy V-neck design, artistically fused with a fashionable front tie waist, and complemented by a stylish, cap-sleeve feature. Finished with an elegant midi-length that gracefully hits below the knee, our dress presents a slim-fit silhouette that flawlessly accentuates your figure while ensuring a comfortable fit.
Crafted from an advanced blend of polyester and spandex, this dress guarantees breathability, supreme comfort, and an anti-wrinkle finish that promises a polished look throughout your day. The fabric not only offers a hint of stretch for an ideal fit but also enhances your curves, giving you a sharp and smart appearance.
Whether you're heading to a business meeting, a church service, a cocktail party, or a club, our dress is versatile enough to adapt. It's designed to match a variety of shoes, accessories, and events. Pair it with heels for a semi-formal occasion, or with elegant flats for a day in the office. This dress transcends seasons and trends, making it an essential addition to your wardrobe.
Our Midi-Length Sheath Dress is available in a wide range of sizes, catering to all body types and preferences. We encourage you to refer to our size guide for accurate measurements and the perfect fit.
We firmly believe in putting our customers' satisfaction first. Hence, we offer a hassle-free return or exchange policy for any dissatisfaction or fitting issues. We are committed to ensuring you have the most delightful shopping experience with us.
Enhance your style with our Midi-Length Sheath Dress and make every day an occasion!"

图 9.21

　　ChatGPT 在短短的几秒之内，做了 3 个工作：第一，先学习 11 个竞品的商品描述；第二，总结 11 个竞品的共同卖点和商品描述的写作亮点；第三，结合总结出的信息，写出欧美女士工作裙的商品描述。

　　对于 ChatGPT 生成的内容，我们在现阶段还不能直接使用，一定要检查一遍，主要检查以下 3 个方面的内容：①是否有没写出来的商品卖点。②商品描述中有没有致命的错误。例如，把"按钮"写成"拉链"。③英语单词中有没有平台的违禁词。例如，涉及医药宣传、成人用品疗效等的单词。

　　在对熟悉的类目优化商品描述时，你一定要反复检查是否有熟悉的违禁词或者把违禁词一起写在对 ChatGPT 的提问里，要明确说明不准用哪几个单词生成内容。

　　在熟悉了某个商品后，你也可以给 ChatGPT 更多的信息，例如商品的主要关键词、长尾关键词、转化率高的关键词等，要求 ChatGPT 先用哪几个关键词，重点围绕转化率高的关键词进行商品描述创作等，这都是很好地对 ChatGPT 提问的方式。

　　对 ChatGPT 提问，你一定要学会举一反三，千万不要放弃了思考问题的能力，要学会思考如何引导 ChatGPT 获得想要的结果。

9.5　ChatGPT在售后服务方面的应用

　　很多人都接到过机器人打的营销电话或者售后服务电话。在电话接通之后，你可能听不出前几句有礼貌地打招呼的话是机器人说的，但进行深入聊天后就会察觉对方是机器人，机械地回答你的问题。

　　以前，提前把常见的问题的答案录入机器人的系统，当你说到某个词时，机器人就会念出相应的答案。淘宝的机器人客服自动回复的都是非常常见的问题。从严格意义上来说，它不能被称为智能客服。

现在 AI 进入了一个全新的阶段，ChatGPT 能根据聊天的上下文进行互动，回答的内容已经非常接近人类的回答，并且还有一定的创造性。

如果我们提前让 ChatGPT 学习某个领域的内容，然后在这个领域进行应用，那么相信 ChatGPT 回答问题的速度、效率和售后服务满意度都会大大地超越人类。

ChatGPT 在跨境电商售后服务领域已经应用得非常广泛，只是有些卖家还不知道而已。

在跨境电商领域，对卖家影响最大的售后服务问题当属买家给的差评。合理的邮件沟通非常重要，这一点可以参考 ChatGPT 的建议。图 9.22 所示为一个户外帐篷的新品差评截图。

图 9.22

在上架一个新品后，如果第一个评论就是一星差评，而且没有被及时处理，这个新品基本上就被宣告"死亡"了。我们可以把差评内容发给 ChatGPT，让 ChatGPT 生成一封让买家更容易接受的邮件，如图 9.23 所示。

你

你是一个非常有礼貌的亚马逊售后客服，有着丰富的差评处理经验。请根据这个买家的差评内容，写一封安抚买家的英语邮件。要求：态度诚恳，针对商品提出解决方案，希望买家更新评论。这封邮件应该符合亚马逊的规则，亚马逊的规则是与客户沟通的邮件里不能出现review等词

买家的差评内容如下：Problem: two poles were already damaged with the wood being split. The poles are really loose when you connect them pole to pole, which creates a problem as you insert the pole in the tube. You cannot pull on the pole with out it disconnecting, whereas you have to connect the pole while it's in the tube and you are doing it to each pole and remain you, it's about 13 poles you connected for a total of 26 atleast. So you are wasting a lot of time just installing the tent because of loose poles. As well, the poles look and feel dust. The silver ends look used and doesn't give a new look or feel to it.

图 9.23

　　你首先要把 ChatGPT 定位为有礼貌且有丰富处理差评经验的售后客服，然后根据差评内容，让其写一封安抚买家的英语邮件，要求态度诚恳，针对商品提出解决方案，希望买家更新评论。你还要给 ChatGPT 提供不能出现的敏感词，这样就能生成一封能直接使用的售后服务邮件了。

　　大概 6 秒后，可以得到如图 9.24 所示的英语邮件。

AI

Subject: Immediate Attention: Issues Regarding Your Recent Tent Purchase

Dear Valued Customer,

Firstly, we would like to extend our heartfelt apologies for the inconvenience you faced with your recent tent purchase. Your satisfaction is our highest priority and we deeply regret that your experience didn't match your expectations.

We noted your concerns about the loose poles and how they made the tent installation process rather time-consuming. We apologize for the trouble and understand that such an issue can hinder your overall camping experience. In addition, you mentioned a slight dissatisfaction with the tent's material and how it was packaged. We apologize for any and all discomfort caused by these issues.

Our team appreciates your insightful suggestions on using different materials for the poles that would make it easier to slide through the tube. We will definitely take your suggestions into account as we continuously strive to improve our products and services.

We have expedited a request for a replacement item for you, hoping to meet your expectations. It is our wish to ensure you receive a product in perfect condition this time. We are also committed to ensuring that this replacement process is as smooth as possible for you.

Once you receive your replacement, we would be grateful to hear back from you. Your thoughts would be invaluable in helping us understand if we managed to rectify the issues you had faced. If there's anything else we can do to enhance your experience or any further assistance required, please feel free to reach out to us directly.

Thank you again for your understanding and patience. We value your business and look forward to serving you better.

Best regards,

[Your Name]

[Your Position]

[Your Contact Information]

图 9.24

ChatGPT 的优势有以下 3 点：

（1）高效。学习差评内容只需要几秒，生成的内容基本上能覆盖 90%的商品功能。如果生成的内容实在有和实际商品不符的，那么加以修改即可。

（2）完美的英语表达。并不是所有的亚马逊卖家都有英语 6 级水平。邮件的语气非常重要，如果只是生硬地用学到的单词、语法写句子，那么买家可能感受不到诚意。对于英语不好，甚至不会英语的卖家来说，直接用汉语对 ChatGPT 提问，让其写一封英语邮件即可。

（3）内容表达更合理、更有逻辑性。这是我大量使用 ChatGPT 之后感受到的。中国卖家更多的是用中国人的思维方式表达，虽然写邮件很辛苦，但是发出去后得不到回应，这就是思维方式不同导致外国人看了不理解。

在拼多多上留好评和提前确认收货可以通过微信得到现金，虽然金额很小，但给人的感觉很好。不过，这在欧美国家属于违法行为。

有的卖家因为不了解这种差异，把在国内处理售后服务问题的办法用在亚马逊上，导致账号被封。使用 ChatGPT 写邮件，注明符合亚马逊的规则就不会出现这种情况了。

在处理差评时需要态度诚恳，但是在处理亚马逊跟卖这件事上就需要措辞严厉，并且不用太客气。ChatGPT 更擅长用语气、态度合适的英语表达，如图 9.25 所示。

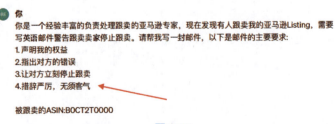

图 9.25

写邮件的目的不同，就需要不同的内容和语气。亚马逊的跟卖是一种合理的商业模式，从平台诞生之初就存在。如果你没有将自己的权益和对方的过错表达清楚，发出的邮件被跟卖卖家举报到平台，那么你的账号就会收到违规警告。因此，赶跟卖也要符合亚马逊的规则，并且说清楚对方的错误行为，然后用严厉的措辞告知对方事实，让对方主动离开。图 9.26 所示为最终生成的邮件。

图 9.26

邮件的主题是直白地告诉跟卖卖家，需要立即停止跟卖行为。

邮件的开头明确地说明对方未经授权销售我方的商品，明确了对方违反知识产权法并且销售的是假冒伪劣商品，其行为误导了亚马逊客户，要求其立即停止跟卖行为，否则升级到亚马逊平台投诉，告知其后果是账号可能会被暂停使用……

ChatGPT 生成的内容简单明了、有理有据，符合亚马逊的规则，并且语气严厉，直接警告对方。

最后，我想分享的是亚马逊卖家必须学会在必要时写一封合格的申诉信。写申诉信的目的既不是与买家沟通商品，也不是直接警告跟卖卖家，而是与亚马逊官方客服打交道。如果涉及账号安全，那么卖家需要直接与英国负责亚马逊卖家账号申诉的客服沟通，沟通的内容、逻辑性和技巧非常重要。

从我与亚马逊客服多年打交道的经验来看，客服其实更相信大数据的结果，愿意帮助卖家解决问题，但往往愿意在前两次邮件申诉时解决问题，对第三次、第四次邮件申诉就不重视了。

虽然客服愿意帮助卖家解决问题，但如果卖家的申诉次数过多，耗费时间过长，需要的人力成本过高，客服就会选择以大数据的结果为准。这就是为什么很多亚马逊卖家经常抱怨客服只看机器识别出来的违规的卖家账号，而不看他们写的申诉信。

卖家一定要利用前两次的申诉机会，有效地解决账号被暂停销售的问题。亚马逊经常用机器检查账号，在发现长期不使用的僵尸账号后，会要求卖家再次进行视频验证。如果卖家没有定时维护账号而且没有进行视频验证，就会被暂停销售。把这个问题交给 ChatGPT 来解决，你会发现 ChatGPT 写的申诉邮件更合理、更有说服力，如图 9.27 所示。

> **SE** **你**
> 你是一个经验丰富的亚马逊卖家账号申诉专家。
> 我的亚马逊卖家账号：
> 最近因为这个亚马逊卖家账号长时间没登录，导致视频验证没有及时预约，账户现在处于暂停销售状态。
> 请帮我写一封2000个字的重新激活亚马逊卖家账号的英语申诉邮件，请遵守以下要求：
> 1.按照之前卖家成功申诉的邮件内容，尽量提高账号申诉成功的可能性
> 2.邮件的接收者是亚马逊的英语客服团队，英国人在阅读邮件
> 3.在整个邮件沟通过程中，要保持有礼有节，有说服力，并且显示出对对方的尊重
> 4.遵循亚马逊最近的账号申诉流程的标准和规定

图 9.27

同样，首先要把 ChatGPT 定位为一个经验丰富的亚马逊卖家账号申诉专家。其次，要申诉就肯定涉及违规内容，你要把违规的真实原因告诉 ChatGPT，

千万不要自作聪明，加入你的个人主观判断，因为你只有把真实原因告诉 ChatGPT，才能得到最合理的申诉结果。再次，要明确邮件的细节，2000 个字的英语邮件是必需的。很多卖家写的申诉邮件只有短短的两三行，只写了以后不会再犯同类错误等，客服看到后会觉得他们毫无诚意而拒绝他们的申诉。写够必需的字数，遵循亚马逊最近的账号申诉流程的标准和规定，按照之前卖家成功申诉的邮件内容，ChatGPT 生成的英语邮件比卖家自己写的邮件的申诉成功率高得多。

你之所以会看到有些服务商高价提供申诉方面的服务，是因为他们比你更懂平台的申诉规则，并且找美国本地白人写英语邮件，即使仍然需要你提交各种资料，成功率也高得多，区别就在于申诉邮件内容的逻辑性、专业性和时效性。

图 9.28 和图 9.29 所示分别为 ChatGPT 生成的内容，我只截取了开头和解决问题的部分。

ChatGPT
Subject: Request for Reinstatement of Amazon Seller Account Due to Non-Compliance with Video Verification

Dear Amazon Seller Performance Team,

I hope this message finds you well. My name is [Your Name], and I am writing to you with a sincere request for the reinstatement of my Amazon Seller Account ([Your Seller Account ID or Email]). Unfortunately, my account has been suspended due to a failure to comply with the video verification process, a situation that occurred because of prolonged inactivity and a lack of timely action on my part.

First and foremost, I would like to express my utmost respect for the policies and procedures Amazon has put in place to ensure a safe and trustworthy marketplace for both sellers and customers. It is clear to me that these measures are essential for maintaining the integrity and security of the platform, and I deeply regret my oversight in this matter.

图 9.28

Acknowledgement of the Issue:

I acknowledge that my account was suspended due to failing to complete the required video verification within the stipulated time frame. This was largely due to my absence from the platform for an extended period, during which I did not log in to my seller account, thus missing the notifications regarding the video verification process.

Reason for Non-Compliance:

The primary reason for this oversight was my temporary inability to access my seller account regularly due to unforeseen personal circumstances. [Provide a brief explanation of the circumstances, ensuring to convey the temporary nature of the issue]. I understand that this is not an excuse for failing to comply with Amazon's requirements, and I accept full responsibility for the consequences of my actions.

Corrective Measures Taken:

1. **Immediate Action:** Upon becoming aware of the suspension, I took immediate steps to understand the cause and the requirements for reinstatement.
2. **System Improvements:** To ensure that I do not miss important notifications in the future, I have implemented several measures, including setting up alerts on multiple devices and assigning a dedicated team member to monitor the account regularly.
3. **Education and Training:** I have undertaken additional training to familiarize myself and my team with Amazon's policies, particularly regarding seller verification and account security. This includes regular review sessions to stay updated on any changes to Amazon's policies.

↓

图 9.29

邮件主题：非常明确地说明出现问题的原因，并且要求重新进行视频验证。

邮件开头：在自我介绍后，再次确认出现问题的根本原因，并且表达出想重新预约视频验证的诉求。然后，表达对亚马逊的尊重和理解。这让人读起来很舒服，而且有条理、有礼貌。

解决问题的部分：该部分分成 3 个小部分，首先是确认问题，详细说明因为长时间没有登录卖家后台，所以导致错过了视频验证。其次是不合规原因部分，说明因为个人工作的原因，无法定期登录卖家后台，并且确定这不是违反亚马逊政策的理由，知道承担的后果。最后是采取纠正的措施，写的内容有可操作性，确保定期查看账号绩效，定期接受亚马逊培训，安排更多人员专门查看账号情况，以及今后加强与亚马逊客服沟通，确保此类问题不再出现。

与很多卖家随意写的几行英语道歉信相比，ChatGPT 生成的内容是不是更专业、更有诚意呢？

亚马逊的客服看到这样的内容后，会认为你不会再犯同样的错误，进而解封账号，重新为你预约视频验证，这次申诉就成功了。

本节分别在处理买家差评、处理卖家跟卖，以及向亚马逊客服申诉时，使用 ChatGPT 来提高工作效率和工作质量。本节以这 3 个常见的售后服务问题为例，展示了 ChatGPT 强大的语言处理能力。你一定要学会举一反三，在日常运营中遇到售后服务问题时，要养成对 ChatGPT 提问的习惯，参考其生成的内容，然后加入个人的经验，得到更好的工作成果。

售后服务是在亚马逊店铺运营过程中非常重要且高频发生的，不仅要及时处理，而且要处理好。利用 ChatGPT 强大的自学能力和优秀的英语表达能力，能够高质量地处理各种售后服务问题。

不过，在对 ChatGPT 提问时，你只有成为一个合格的亚马逊卖家，了解基本的平台规则，给 ChatGPT 提供详细的信息，才能让它生成你想要的高质量内容。

第 10 章

10

丰富的跨境收款工具

10.1 阿里巴巴旗下的跨境收款工具——Alibaba.com Pay

在《亚马逊跨境电商运营从入门到精通》中，我列举了针对亚马逊的第三方收款工具，例如拥有中资背景的 PingPong 支付和 LianLian Pay，以及拥有欧洲金融公司背景的 WorldFirst。随着跨境电商平台的蓬勃发展，这些第三方收款工具获得了大量的卖家用户。跨境电商的市场主体越来越多元化，就需要适合不同市场主体的收款工具来处理跨境收款问题。

阿里巴巴旗下的 Alibaba.com Pay 推出的时间不长，但用起来非常方便，如图 10.1 所示。

目前，Alibaba.com Pay 只收取提现费，不收取其他费用，提现费费率最低为 0.125%。Alibaba.com Pay 的收款成功率高且收款速度快，最快当天就可以到账。Alibaba.com Pay 的提现到账也非常快，平均提现到账时间是 4 小时，最快可以做到实时到账。

图 10.1

10.2 全球最大的在线支付平台——PayPal

PayPal 是全球最大的在线支付平台，在欧美国家，尤其在美国的使用率非常高。PayPal 接受更多元的支付方式，如信用卡、借记卡、PayPal 余额支付，甚至某些类型的礼品卡支付。

PayPal 的官网如图 10.2 所示。

注册 PayPal 的账号很简单，只需要电子邮箱，并且使用中国的公司和个人身份都可以正常注册。使用 PayPal 收付款都非常方便，只需要给对方电子邮箱即可。

许多卖家都使用过 PayPal。虽然 PayPal 也可以为独立站收款，但是因为收费昂贵，所以卖家不会长期经常性使用。PayPal 的使用场景更多的是与境外客户小额交易，例如某些商品打样只需要几百美元，就适合用 PayPal 快速地完成交易。PayPal 的监管很严，对买家和卖家都有很好的保障。

图 10.2

使用 PayPal 收款容易，但无法直接结汇，收款的手续费大概为 4.3%×收款金额+0.3 美元。在使用 PayPal 收款后可以提现到国内的银行账号，但会被收取结汇手续费。因此，PayPal 并不适合外贸大额收款，因为成本过高，且 PayPal 账号在国内使用不太稳定，需要跳转到第三方支付页面。

PayPal 的优势和劣势都非常明显。其优势是支持使用 PayPal 收付款的国家很多，PayPal 在移动端和电脑端使用都很流畅，PayPal 的客户群体大且对 PayPal 的信任度高，PayPal 的风控严格。其劣势是手续费费率较高，只适合紧急收款。

10.3　很多卖家不知道但极其好用的跨境收款工具——Stripe

Stripe 的知名度并不高，但它与 PayPal 一样，致力于国际收付款。Stripe

的操作页面非常简单，卖家只需要绑定信用卡即可完成国际收付款。Stripe 的发展速度非常快，很多做独立站的卖家都使用 Stripe。Stripe 的手续费比 PayPal 的手续费低得多。Stripe 是很多独立站首选的信用卡收款渠道，被誉为"移动时代的 PayPal"。

Stripe 是美国的科技公司，由爱尔兰兄弟 Patrick Collison 和 John Collison 于 2010 年创立，其官网如图 10.3 所示。

图 10.3

Stripe 在 32 个国家和地区提供服务，支持 130 多种货币。它支持主要的国际借记卡或信用卡，包括 Visa、MasterCard、American Express、Discover Card、Diners Club 和 JCB。

它还支持电子钱包和本地支付方式，如 Apple Pay、Google Pay、Alipay 等。它的手续费的收费标准根据不同的国家和地区而定。

美国用户的收款手续费是 2.9%×收款金额+0.3 美元，中国香港用户的收款手续费是 3.4%×收款金额+2.35 港元。

遗憾的是，虽然 Stripe 有全汉语服务，但并未对中国提供完整的服务，目前需要用中国香港公司开户，收款手续费比用美国公司开户的收款手续费高。

下面介绍用美国公司注册 Stripe 账号所需的资料。

（1）美国公司的营业执照或公司章程等。

（2）ITIN（个人报税识别号码，凭护照可以申请）或 EIN（雇主识别号码）。它们是美国政府颁发的唯一标识符，用于识别纳税人。

（3）美国公司的电话号码。

（4）美国公司的实际地址。

（5）美国公司的银行账号。

在网上找服务商可以得到这些资料。

需要特别注意的是，如果你在中国用美国公司注册 Stripe 账号，那么从提交注册资料的那一刻开始，就需要使用固定的美国 IP 地址，在后期登录时也要用这个 IP 地址登录，这样就不会莫名其妙地被封号了。

10.4　东南亚收款工具

当大家都在关注传统外贸出口的欧美市场时，东南亚跨境电商正在迅猛发展。东南亚由多个国家和地区组成，包括马来西亚、菲律宾、印度尼西亚、新加坡、泰国、越南等。这几个国家的电商市场差异巨大，但很成熟。专注于东南亚市场的 Shopee，以及从东南亚发力的 TikTok，无论是营业额还是利润都年年增加，但是很多人对东南亚国家不熟悉，而且东南亚的物流体系、收款工具和支付工具没有欧美国家那么成熟，使得很多卖家无法入手，甚至对东南亚市场有偏见。本节主要介绍东南亚收款工具。

1. PingPong

PingPong 其实在跨境电商业内的知名度较高，最开始用于美国跨境电商市场收款，这几年陆续开通了东南亚收款业务。登录 PingPong 的官网，单击"申请收款账号"按钮会出现如图 10.4 所示的页面。

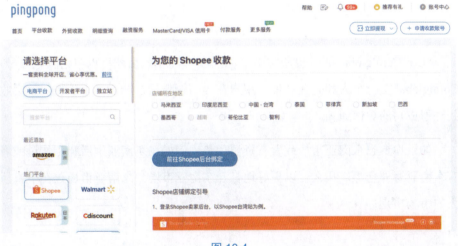

图 10.4

注册 PingPong 账号非常简单，按照页面提示，把账号绑定到对应的平台即可。

2. Coralglobal

Coralglobal 的汉语名为珊瑚。登录 Coralglobal 的官网，单击"申请收款账号"按钮，会出现如图 10.5 所示的页面。

图 10.5

　　注册 Coralglobal 账号也非常简单，先实名认证，然后就可以申请收款账号。Coralglobal 支持个人和企业认证。用户在提交资料后，一般一个工作日就会收到注册成功的短信通知。

　　如果你熟悉东南亚市场或者有资源优势，例如在东南亚生活和工作过或者有东南亚海外仓等，那么可以更好地打开东南亚市场。东南亚市场正在孕育巨大的市场机遇。

第 11 章

如果商品是秘密武器，
知识产权就是核武器

11.1 一个著名的商标侵权案例

无论是有意的还是无意的，商标侵权几乎每天都出现。商标侵权对卖家影响巨大。

一个合格的跨境电商卖家，在看完本节后，应该学会避免犯商标侵权这种低级错误，毕竟只要小心谨慎，在商品标题、文案、图片、视频、包装上没有他人的商标，就不会发生商标侵权。

下面介绍一个亚马逊上很特殊的商标侵权案例，让你深度了解这类侵权事件。

2017 年，发生了 Generic 商标侵权事件，其特殊性表现在以下 3 个方面：

（1）单一商标侵权的影响面最大，涉及 170 万个商品。

（2）侵权发生的时间特殊，从除夕开始到大年初一全面爆发。

（3）Generic 是亚马逊鼓励使用的过渡商标。

在亚马逊上，大量商品的商标处填的都是 Generic，产生了侵权。Generic 的意思是通用的、不用注册的、非专利的，但是在美国商标局网站上可以发现 Generic 是已经注册的商标，如图 11.1 和图 11.2 所示。

Generic

Wordmark	GENERIC
Status	LIVE PENDING
Goods & services	IC 033: Whiskey; Alcoholic beverages except beers; Distilled spirits;...
Class	033
Serial	
Owners	Generic Spirits Inc (CORPORATION; TENNESSEE, USA)

图 11.1

Generic

Wordmark	GENERIC
Status	LIVE PENDING
Goods & services	IC 016: Bookmarkers; Paintbrushes; Canvas for painting; Checkbook...
Class	016
Serial	
Owners	Zhou, Rui (INDIVIDUAL; CHINA)

图 11.2

Generic 被注册为不止一个类别的 R 商标，持有人也是不同的。

Generic 是亚马逊给还没有注册商标的商品或者中性商品的过渡"商标"。从亚马逊创立之初到 2017 年发生这件事之前，使用 Generic 作为商标都是合规的，没有侵权一说。亚马逊上有大量的商品使用 Generic 作为商标，这没有问题，因此这个事件涉及面非常广，而且亚马逊连续处罚 3 轮，轻则下架商品，重则直接移除店铺的销售权。

侵权发生的时间特殊，从除夕开始。你想一想当你正在和家人团聚，家里长辈问你工作怎么样时，亚马逊突然发来一封邮件，说你因为使用 Generic 作为商标而侵权，导致店铺被移除了销售权，你的心里是不是很不是滋味？

不过，我觉得这并不是亚马逊有意难为中国卖家，而可能是因为 Generic 商标持有人的投诉时间正好是除夕，而这在美国是工作日。亚马逊在工作日处理侵权事件非常快。

这就是亚马逊发展史上著名的 Generic 商标侵权事件。侵权的原因很简单，就是在商品标题、文案，甚至图片中使用了这个商标。本节介绍这个案例的目的是让你一定要重视商标。

亚马逊上有很多通用词都被人有意或者无意地注册成商标了。下面列出几个让卖家踩"坑"较多的词。你看到本节时，就要避免使用这些词。例如，Durable（耐用）、100%、Hula-Hoop（呼啦圈）、one（一）。在美国商标局网站上查询这些词的结果分别如图 11.3 至图 11.6 所示。

Wordmark	DURABLE
Status	LIVE REGISTERED
Goods & services	IC 018: [[Credit card cases, bag maker goods, namely, all purpose...
Class	018, 020, 021, 024, 026, 005, 006, 008, 016, 003, 009
Serial	████████
Owners	DURABLE Hunke & Jochheim; GmbH & Co. KG (LIMITED PARTNERSHIP; GERMANY)

图 11.3

100%

Wordmark	100%
Status	LIVE REGISTERED
Goods & services	IC 009: Goggles for sports; Motorcycle goggles.
Class	009
Serial	77299539
Owners	SAULE, LLC (LIMITED LIABILITY COMPANY; CALIFORNIA, USA)

图 11.4

HULA-HOOP

Wordmark	HULA-HOOP
Status	LIVE REGISTERED
Goods & services	US 022: PLASTIC TOY HOOPS.
Class	028
Serial	▬▬▬
Owners	WHAM-O HOLDING LIMITED (LIMITED COMPANY; HONG KONG)

图 11.5

ONE

Wordmark	ONE 1
Status	LIVE REGISTERED
Goods & services	IC 037: pipeline construction; pipeline maintenance; pipeline repair...
Class	037
Serial	▬▬▬
Owners	Miller Pipeline LLC (LIMITED LIABILITY COMPANY; INDIANA, USA)

图 11.6

这些都是很常见，但又在美国商标局成功注册的 R 商标。如果你不小心使用了，就有侵权的风险。你可以使用同义词代替，以避免不必要的麻烦。

跨境出海的第一步是，注册一个属于自己的商标，主动把自己保护起来，否则以后真的寸步难行。

11.2 著作权侵权案例

著作权侵权一般集中在商品的图片、文案，甚至视频上。有些卖家在使用这些内容时抱有侥幸心理，觉得竞争对手的图片拍得好，就拿过来 PS 一下。有些卖家为了让商品场景图看起来更有吸引力，在不知不觉中加入了大品牌的元素，也会侵权。图 11.7 所示为亚马逊上含有迪士尼卡通形象的梳子。图 11.8 所示为 Temu 上含有迪士尼卡通形象的梳子。

图 11.7

亚马逊卖家知道亚马逊高度重视知识产权，如果没有迪士尼公司的授权，迪士尼卡通形象无论是印在梳子上，还是印在衣服上，就都属于侵犯著作权的行为。图 11.7 所示的商品大概率获得了迪士尼公司的授权，才能在亚马逊上销售。

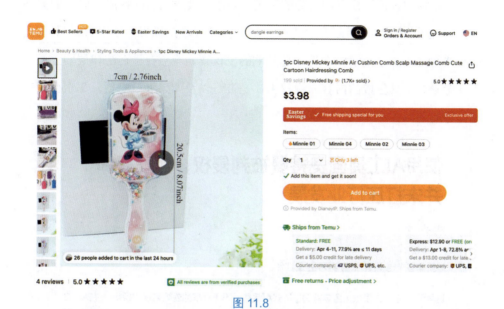

图 11.8

在 Temu 上搜索与迪士尼相关的关键词，也可以看到大量印有迪士尼卡通形象的商品。Temu 同时采用全托管模式和半托管模式，在前期审核商品方面比较松，卖家即使没有获得迪士尼公司的授权也可以销售这些商品，但是一旦有人投诉就无法继续销售了。

跨境电商平台越来越多，有美国电商平台、欧洲电商平台、中国出海"四小龙"平台。它们都在夜以继日地上架新商品，即使迪士尼这样的知名公司也没有大规模维权，但合规出海才是长久之道。

随着 AI 工具大量使用，很多人觉得用 AI 工具画图，就不存在侵权问题了。首先，用 AI 工具画图才刚刚被应用。其次，AI 工具生成的图片还没有大规模商用，在大规模商用之后，会不会也有侵权问题不得而知。可以肯定的是，AI 工具生成的内容在原创性方面，确实比人类要好很多。

就在我们讨论这样有创造性的话题时，AI 工具生成的内容被判侵权的案件已经出现了。图 11.9 所示为一篇来自潮新闻客户端的新闻，使用 AI 工具画奥特曼被判侵权。这个案例不是一起简单的侵权案，难点在于在法律层面上该如何看待 AI 工具生成的内容、侵权主体是谁，以及如果涉及赔偿，那么由谁来支付等问题。

使用AI工具画奥特曼被判侵权，代理律师：并未打压行业发展

潮新闻客户端　2024-02-28 14:54

潮新闻客户端 记者 张苗 实习生 王浩然

这两天，"中国法院做出全球首例生成式AI服务侵犯著作权的生效判决"的消息，在AIGC（生成式人工智能）创业者、法律工作者等圈子中引起热议。判决由广州互联网法院在今年2月做出，判决认定，国内的一家AI公司在提供生成式人工智能服务过程中侵犯了原告对案涉奥特曼作品所享有的复制权和改编权，并应承担相关民事责任。简单来说，用户在平台上让AI工具画出了奥特曼的形象，平台被判侵权了。

"这不是一起简单的知识产权侵权案。"原告代理律师、浙江垦丁律师事务所主任张延来接受潮新闻记者专访时表示，"案件的难点在于，对于AIGC这样的新技术，法律上应如何看待。"

图 11.9

著作权对图片的保护力度比较大。我们可以换一个思路，在一些海外众筹网站或者图片网站上看到好看的原创图片时，可以联系博主购买图片的著作权。大多数原创图片的价格并不高，甚至绝大多数的中小卖家都可以接受，没有必要抄袭别人的图片。在购买后，既解决了原创设计思路不足的问题，也不用担心著作权问题。

在图片网站 Pinerest 上搜索插画类衣服的英语关键词，会出现如图 11.10 所示的页面。

17:34

107 B/s

100

更多此类 Pin 图

...

...

...

...

图 11.10

11.3　外观设计专利侵权案例

外观设计专利是跨境电商卖家踩"坑"最多的侵权领域。许多跨境电商卖家每天都会用大量时间选品，不会只调研一个类目的商品，而调研不同类目的商品需要大量的专业知识才能确定商品有没有申请专利，很难排除每个商品的知识产权风险。下面看一个业内著名的案例——抱指猴侵权案例。

做亚马逊的商品开发时间久一点儿的卖家都知道，亚马逊上的一些现象级爆款几乎和普通卖家无缘。例如，一个名叫抱指猴的商品（如图 11.11 所示）在 2017 年销售得非常好。我记得在一个周一的早上，各个卖家的微信群里都在发这个商品的截图。

图 11.11

抱指猴是一个香港知名玩具公司（WowWee）生产的。即使在 2017 年下半年订单供应不过来，在亚马逊上大量缺货的情况下，WowWee 的自发货商品销量也排在类目第一。抱指猴这个商品的知识产权保护做得非常全面。有一些不了解这个商品，只看到这个商品销售得很好的卖家跟卖这个商品。这是典型的未经品牌方同意而销售假冒商品的侵权行为。跟卖卖家的购物车很容易被亚马逊保护知识产权的系统移除。

在商标方面，WowWee 在美国、加拿大、欧盟等主要国家和地区都注册了商标。不仅 WowWee 是公司的正式商标，就连商品名 "fingerlings product" 也注册了商标。

在著作权方面，WowWee 给每一个商品都登记了著作权，包括商品正面和背面的包装著作权。

在外观设计专利方面，WowWee 申请了美国、日本和欧盟的外观设计专利。

抱指猴直到现在还是亚马逊上的爆款，并且每年都会推出新的款式。图 11.12 所示为 2024 年新款。

图 11.12

总有卖家抱怨现在的竞争激烈、商品利润低等，但从这个商品持续热销 7 年左右，依然供不应求来看，你有没有反思过是不是商品的开发方向有问题？有些中国卖家总是擅长快速复制别人的商品，然后低价售卖，对商品开发、商品创新普遍不够重视，赚的只是辛苦钱。

这个香港玩具公司只开发了这一种商品，就赚得盆满钵满，在前期花了大价钱注册商标，登记著作权和申请专利，与后期的市场利润相比，这真的是九牛一毛。

多关注市场需求、少关注竞争对手、多研究商品创新、少打价格战才是中国品牌出海的关键。

11.4 发明专利侵权案例

发明专利的申请门槛高，申请难度大，但保护力度非常大。一旦爆款拥有了发明专利，在未来几年就可以实现"躺赚"，因为发明专利是最容易实现类目垄断的。

下面看一个热销时间超过 10 年的经典爆款。每年都有卖家对这个爆款津津乐道，也有卖家如飞蛾扑火一样踩"坑"。在亚马逊美国站搜索关键词"Water balloon"，会出现如图 11.13 所示的页面。

图 11.13

　　这是一个夏季水上运动玩具——水气球。这个水气球的灌水快且无须人工打结。它在灌水后可以实现自动密封方面成功地申请了发明专利。

　　这个商品的发明专利保护的是水气球能够自动密封的功能。其他任何竞品只要有这个功能，就都会被判定为侵权，无论商品的外观、颜色、数量组合怎么变化都侵权。

　　如果说外观设计专利保护的是外观原创设计，我们可以通过改变商品形状来规避侵权，发明专利保护的就是商品和方法，这一般都需要技术创新。

　　这个卖家在发明专利的保护下，再进行商品创新，就可以持续垄断这个类目的市场。图 11.14 所示为 2024 年上架的水气球新品。

图 11.14

　　这个水气球也可以快速灌水并自动密封，只不过使用磁性技术进行自动密封，这又是一次技术创新，并且发明专利正在申请中。图 11.15 所示为美国商标局的专利图。

(12) **United States Patent**
Xiong

(10) Patent No.: **US 11,786,835 B1**
(45) **Date of Patent:** Oct. 17, 2023

(54) **TOY WATER BALL**

(71) Applicant: Shenzhen Huamingjun Rubber Co., Ltd, Guangdong (CN)

(72) Inventor: Bin Xiong, Guangdong (CN)

(73) Assignee: Shenzhen Huamingjun Rubber Co., Ltd, Shenzhen (CN)

(*) Notice: Subject to any disclaimer, the term of this patent is extended or adjusted under 35 U.S.C. 154(b) by 0 days.

(21) Appl. No.: 18/201,210

(22) Filed: May 24, 2023

(30) **Foreign Application Priority Data**

Apr. 7, 2023 (CN) 202320769008.9

(51) **Int. Cl.**
A63H 23/12 (2006.01)
A63H 23/10 (2006.01)
A63H 33/18 (2006.01)

(52) **U.S. Cl.**
CPC *A63H 23/10* (2013.01); *A63H 23/12* (2013.01); *A63H 33/18* (2013.01)

(58) **Field of Classification Search**
CPC A63H 23/00; A63H 23/10; A63H 23/12; A63H 33/18
See application file for complete search history.

(56) **References Cited**

U.S. PATENT DOCUMENTS

4,212,460 A *	7/1980	Kraft	....	A63B 65/00 473/577
4,886,273 A *	12/1989	Unger	....	A63F 9/34 273/455
5,975,983 A *	11/1999	Panec	....	A63H 33/30 141/114
11,358,072 B2 *	6/2022	Greenwood	......	A63H 23/12
2011/0003655 A1 *	1/2011	Chernick	......	A63B 43/00 446/491
2022/0203256 A1 *	6/2022	Chen	....	A63B 67/002

* cited by examiner

Primary Examiner — John A Ricci

(57) **ABSTRACT**

A toy water ball includes at least two shells that are enclosable to form a water storage cavity, each of the shells including: a mounting frame, a magnetic member and a water pocket mounted on the mounting frame. The mounting frame includes a first surface and a second surface oppositely arranged in a thickness direction thereof. When the shells are enclosed to form the water storage cavity, magnetic members of adjacent shells attract each other, and second surfaces of adjacent shells abut each other. The mounting frame is provided with an accommodation groove, a notch of the accommodation groove is located on the first surface, the magnetic member is installed in the accommodation groove, and the water pocket is connected to the first surface, and covers the notch of the accommodation groove on the first surface to seal the magnetic member in the mounting frame.

18 Claims, 11 Drawing Sheets

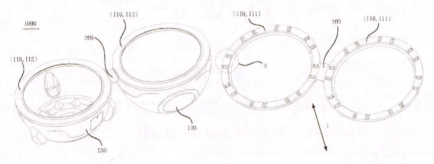

图 11.15

申请中的发明专利虽然未生效，但侵权的卖家有得到 TRO（Temporary Restraining Order，临时限制令）的巨大风险。TRO 是一种在紧急情况下由美国法院颁发的临时性法律命令。

在亚马逊上，如果卖家发现被他人侵犯了知识产权，就可以向美国法院申请 TRO。如果法院批准了 TRO，涉嫌侵权的卖家就会收到通知，他的店铺的相关侵权商品会被下架，且收款账号可能被冻结，以防止进一步的侵权行为发生。

从这一点来看，侵权发明专利会导致很严重的损失。卖家一定要谨慎。有的卖家会趁着发明专利未生效销售侵权商品，这样的赚快钱思想已经不适合现在的跨境电商了。

当专注于一个类目，甚至一种商品时，卖家就能够发挥最大的潜能，不断地提高商品的使用体验。对于没有做过水气球的卖家来说，密封技术好像很难实现，但这个卖家在这种商品上长期耕耘就有了绝对的优势。这也是卖家需要学习的地方，只有坚持长期主义的卖家最后收到的回报才是最大的。

11.5　知识产权是跨境电商未来的核心资产

感谢你有耐心看到这里，因为很多跨境电商卖家并不重视知识产权。我尽量与跨境电商实战相结合，吸引更多的人关注知识产权。我见过很多人在知识产权上栽了大跟头，感受到了竹篮打水一场空。

知识产权保护应该是一个全方位且持续的过程。值得庆幸的是，现在的跨境电商老卖家，特别是国内有供应链优势的卖家在进入跨境出海这条赛道时，都开始重视知识产权了。

2014 年做跨境电商的中国卖家很少有注册海外商标的意识。亚马逊从 2015 年开始对商标的要求越来越严格，对拥有商标的商品有流量倾斜，许多中国卖家被迫注册海外商标。

2015—2016 年，亚马逊卖家大规模爆单。很多卖家没有事先调研过销售的商品是否有知识产权，导致侵权，并且是对海外上百年的老品牌侵权，最终受到很大影响。

经历过这些侵权事件的卖家和关注到海外知识产权重要性的卖家，开始重视商品的原创设计，并且主动申请美国、欧盟等外观设计专利，甚至发明专利。这都是好的开始，但有些卖家还心存侥幸，觉得改一改别人的设计，就可以上架销售，这其实是非常冒险且短视的行为。

真正优秀的商品一定涉及商品开发，而不是单纯的工业制造，这是中国卖家容易忽视的。一方面，背靠中国的全产业链，卖家可以快速生产相同且性价比更高的商品，能够快速占领海外市场，导致懒得去做原创设计。另一方面，国内一直对知识产权重视度不够，卖家也没有太多这方面的意识。

我们注册商标，申请外观设计专利、发明专利，并不是要投诉别人，在更多的时候是要保护自己。最近几年，有一些人专门做跨境索赔生意，看到亚马逊上销售得好的商品，就在国内注册这些商品的商标，然后去中国海关备案。虽然中国海关的查验率很低，但是如果你销售这些商品，只要在 10 年期限内被查到，中国海关就会认为你侵权了，会要求你出示商标授权书。如果你不能出示商标授权书，中国海关就会销毁你的商品。这时，你和对方联系，对方就会索要大笔费用。虽然对方不犯法，但是做法不地道。这样的事情每年都发生，你只能怪自己不重视知识产权。

2014—2023 年，跨境电商卖家在知识产权方面踩"坑"后得到了经验和教训，已经付出了代价。希望在接下来的跨境电商黄金发展十年里，看到本书的你，不要再做这种赚快钱的事情，要把更多的精力放在满足买家需求、设计更有吸引力的商品包装、迭代商品等符合商业底层逻辑的事情上。这样的跨境出海才能走得更稳健、更长久。